KB158682

포
기
하
는
힘

포기하는 抛棄

힘 力

권귀헌 지음

bs
브레인스토어

"새나라의 어린이는 일찍 일어납니다.

잠꾸러기 없는 나라, 우리나라 좋은 나라."

— 동요, '새나라의 어린이' 中

2015년 어린이날, 아이들과 함께 이 흥겨운 동요를 듣다가 나는 섬뜩 놀랐다. 노래를 만든 사람의 의도는 모르겠으나 아이들에게 부지런하고 성실하게 살아야 한다는 가치관을 은연중에 심어 주는 것처럼 느껴졌기 때문이다. 한번 생각해 보자. 늦잠 자지 않고 모두가 성실히 생활한다면 우리의 삶은 좋아질까? 그렇게 된다면 우리나라는 좋은 나라가 될까? 이날 새삼 무섭게 느껴진 '새나라의 어린이'는 우리 사회에서 노력이라는 가치가 누리고 있는 엄청난 지위를 다시 생각해 보게 하였다.

오늘날 우리는 끈기, 집념, 열정, 성실 같은 덕목으로 대변되는, 이른바 '노력'을 권하는 사회에 살고 있다. 주변을 둘러보면 온통 노력하겠다는 말뿐이다. 국민의 응원에 답하는 국회의원도, 우수상을 받은 프로야구 선수도, 고객에게 신뢰를 주겠다는 스타트업 대표도, 국민을 위해 일하는 공공기관 직원들도, 새롭게 문을 연 맥주 전문점 사장도 모두 "앞으로 더욱 노력하겠습니다."라고 말한다. 무슨 뜻인지 생각하지 않아도 될 만큼 너무나 익숙한 표현이다. 이런 말을 안 한다면 오히려 겸손하지 못하고 거만하다는 소리를 들을지도 모르겠다.

물론 노력이라는 덕목은 삶에서 중요하다. 고생 끝에 낙이 온다고 영어에서도 'No pain, no gain', 'Easy come, easy go'라고 표현하지 않는가. 인생은 내 뜻대로 되지 않을 뿐 아니라 많은 경우 고통과 시련을 이겨 내야 한다. 힘이 부치는 순간에 젖 먹던 힘을 쏟아 내지 않으면 결국 맞닥뜨린 장애물을 넘지 못하고 눈앞에서 목표를 놓치고 만다. 그러므로 우리는 자신의 태도 상자에 끈기나 집념 같은 공구들을 잘 구비해 둬야 한다.

그런데 노력만큼은 어느 나라 못지않은 우리의 삶이 오늘날 이렇게나 팍팍한 것은 어떻게 설명할 수 있을까? 잠꾸러기는커녕 잠도 제대로 못 자면서 열심히 살고 있는데도 왜 행복은 우리를 비켜 가는 걸까? 노력이 부족해서 그런 것이라면 얼마나 더 노력해야 하는 걸까? 이 책은 바로 이런 고민을 하는 사람을 위해 쓴 책이다. 노력해도 잘 안 되는 사람들과 함께 나누고 싶은 질문들을 담았다. 반대로 노력을 통해 원하는 성과를 얻고 있는 사람에게는 조금 불편할 수도 있음을 미리 밝힌다.

1부 〈노력중독사회〉에서는 노력에 집착하는 개인과 사회의 모습을 통해 노력중독 현상을 살펴본다. 근면과 성실이 생산성을 높이기 위한 자본주의 사회의 이데올로기였다는 평가와 비슷한 맥락에서 노력의 가치를 이해할 수도 있다. 그러나 여기서는 '고진감래'라는 사자성어가 말하는 것처럼 뭔가 결실을 얻기 위해서는 고통의 과정을 반드시 거쳐야 한다는 생각이 옳은 것인지부터 따져 본다. '결과를 위해서 그 정도 아픔은 감수해야지'라는 생각에 암묵적으로 동의하는 것이 아무 문제가 없는지 되물어 본 것이다. 또한 약자가 강자를 이길 때 더 통쾌한 것처럼 성공한 사람의 이야기에는 슬프고 뼈아픈 반전이 들어 있어야 한다는 대중의 기대에 반기를 들었다. 이런 기대가 바로 노력을 아름다운 가치로 포장하는 주범이기 때문이다. 끝으로 왜 우리는 노력을 멈추지 못하는지, 우리의 마음속 어떤 욕망이 노력을 지속시키는지 고민한다. 노력을 권하는 우리 사회는 뼈를 깎는 고통의 과정을 당연한 것으로 취급한다. 제시된 사례들도 우리가 의심 없이 받아들였던 평범한 일들일 것이다. 이를 곱씹어 보면 노력이 가진 문제점들을 발견할 수 있다.

2부 〈포기의 재발견〉에서는 우리가 금기시하는 포기에 대해 다시 생각해 본다. 포기란 비겁하게 현실에서 도망치는 것이 아니다. 새로운 출발을 위한 첫 단추가 바로 포기이다. 노력에 중독된 채 가혹한 현실에서 벗어나지 못하는 우리를 구원해 줄 가장 좋은 선택은 바로 포기이다. 노력을 강요하는 왜곡된 목표를 손에서 내려놓음으로써 우리는 진정한 목표를 다시 찾을 수 있다. 또한 구체적으로 포기할 수 있는 대상들을 살펴본다. 당장 포기해 볼 만한 것부터 궁극적으로 포기할 것까지, 우리가 집념이라 불러 왔지만 사실은 집착하고 있었던 여러 가지를 포기의 대상에 포함시켜 봤다. 손에서 내려 놓으면 세상이 무너질 것이라 생각했던 것들을 포기해도 세상은 달라지지 않는다. 오히려 진정으로 중요한 나 자신을 발견하는 시작이 될 것이다.

노력은 곧 희생이다. 자신의 시간과 에너지를 쏟고 다른 욕구를 억제하는 과정이 바로 노력이기 때문이다. 우리는 이 과정에서 자신감, 성취감, 행복감 같은 긍정적인 정서를 경험하기도 하며 실패나 불합리, 부조리에 좌절하고 절망하기도 한다. 그러나 궁극적으로는 자아실현을 꿈꾸고 기대한다.

노력은 또 당장의 먹고사는 문제를 해결하는 수단이다. 우리가 새벽같이 일어나 직장에서 하루 종일 에너지를 바치면 회사에서는 그 대가로 월급을 준다. 그것은 개인과 가정의 생활을 유지시키는 중요한 에너지원이며 불안정한 미래를 대비하는 자산이다. 그런데 만약 이 프로세스에서 돈이라는 목표를 제거하면 우리가 노력하는 이유의 상당 부분이 사라진다. 물론 불가능한 가정이지만 말이다. 그렇다면 목표로 하는 돈의 크기를 조금 줄여 보는 건 어떨까? 노력에 대한 부담이 다소나마 줄어들지 않을까?

쉽지는 않겠지만 돈처럼 노력을 강요하는 목표에서 자신을 떼어 놓고 보면 과연 그 목표가 그만큼의 노력을 쏟을 만한 가치가 있는지 되돌아보게 될 것이다. 이 책이 우리 사회의 모든 면을 조명하진 못하겠지만, 적어도 소유, 승리, 인정, 안정, 돈 등 우리의 가장 흔한 목표들을 다시 보는 계기가 되었으면 한다.

오늘날 노력은 더 이상 성과를 보장하지 않을 수도 있다. 노력에 존재하는 빛과 그림자를 직시해야 한다. 노력은 성과를 안겨 주기도 하지만 어떤 이들에게는 건강을 악화시키고 일과 삶의 균형을 흔드는 주범이 되기도 한다. 그럼에도 불구하고 우리가 여전히 노력이란 덫에 갇히는 이유는 목표에 집착하기 때문이다. 노력 외에는 답이 없다는 게 우리가 내놓는 유일한 답이다.

그러나 포기하는 것도 능력이다. 집념이 집착으로 바뀌는 순간, 우리가 내려야 할 결정은 바로 노력을 강요하는 목표를 손에서 놓고 자신이 어디에 서 있는지 주위를 돌아보는 것이다. 그래야만 쾌감, 흥분, 설렘, 창조, 여유와 같은 가치들로 노력의 부족한 부분을 채우며 우리의 삶을 풍요롭게 가꾸어 갈 수 있다.

놀이터 앞 공부방에서 아이들의 웃음소리를 들으며,
2016년 5월 / Homo Askus 권귀헌

1

노력
중독
사회

2

포기의 / 재발견

노력중독 사회

努力中毒/社會

아무리 노력해도

패자는 나온다

노력에 딴지를 걸다

법조인 양성제도에 관한 논란이 뜨겁던 2015년 5월 19일, 여당인 새누리당의 김무성 당시 대표는 고시촌을 방문하여 이런 말을 했다. "우리 사회에 정말 열심히 노력하면 올라갈 수 있는 사다리는 필요하기 때문에 사법시험제도는 필요하다." 가난한 농부의 아들이 법조인이 될 수 있는 유일한 길은 사법고시밖에 없다는 하창우 대한변호사협회장과도 같은 입장이었다.[1] 그런데 정말 그들의 말대로 열심히 노력하면 계층 이동의 사다리를 탈 수 있을까? 태어나기 전부터 보이지 않는 계층과 등급의 굴레가 씌워지는 우리 사회에서 노력이 그 굴레를 벗어나게 해 줄 믿을 만한 도구가 될까?

대부분의 사람들은 노력을 신뢰한다. 누군가 뭔가를 성취했을 때, 그것이 요행이 아닌 눈물과 땀의 결과일 때 우리는 과정뿐만 아니라 결과까지도 순수하게 인정한다. 나아가 감동을 받기도 한다. 거친 파도 위에서 하룻밤을 지새운 다음날 아침 바라보는 잔잔한 바다는 눈물을 자아내기에 충분할 정도로 아름답다. 죽음까지도 생각할 만큼 파도가 위태로웠다면 그 감동은 더 크다. 고생한 뒤에는 평범한 일조차도 위대하고 아름다워 보이는데 간절히 원하던 목표를 이룬 뒤라면 두말할 필요도 없다. '고진감래'는 감동을 동반하기 마련이다.

이처럼 노력은 아름다운 가치이다. 살면서 경험하는 감동의 상당량은 바로 이런 노력 뒤에 온다. 그러나 '노력하면 얻을 수 있다'는 식으로 가훈, 급훈, 사훈 등에 노력이란 단어를 사용하는 데는 조심해야 한다. 왜냐하면 노력이 결과를 보장하지 않기 때문이다. 분수가 정해진 싸움에서 분모가 분자보다 클 경우 낙오자는 반드시 나오기 마련이다. 아무리 노력한다고 해도 선거에서 당선되는 사람은 한 사람뿐이며, 사회·경제적으로 지위가 높은 의사나 변호사, 정년이 보장되는 안정적인 자리에는 일부 사람들만 앉을 수 있다.

이 문제를 사회구조적으로 접근할 생각은 없다. 법이나 제도와 같은 시스템이 정비되더라도 현상을 대하는 사람들의 인식이 바뀌지 않는다면 결국은 같은 문제를 야기하기 때문이다. 그러므로 우선은 개개인이 경쟁을 조금 다른 관점에서 바라볼 필요가 있다.

경쟁이라는 시스템 속에서는 노력한다고 해서 언제나 성과가 나오는 것이 아니다. 불합격할 수도, 실패할 수도, 패할 수도 있다. 정해진 파이를 놓고 다퉈야 하는 상황에서 이는 결코 피할 수 없는 현실이다.

많은 사람들이 계층 이동의 사다리라고 여겨 왔던 사법고시를 예로 들면 2015년 응시생은 6,182명이었다. 합격률은 2.9%에 불과했고 합격생들의 평균 수험 기간은 4.8년에 달했다. 지금도 적지 않은 고시생들이 곧 폐지 기로에 서 있는 사법고시에 합격하기 위해 하루 10시간씩 공부를 하고 있다.[2] 모든 사법고시생이 소위 죽을힘을 다해 노력하고 있지만 그들 대부분은 법조인이 되지 못한다.

문제는 바로 여기에서 시작된다. 노력하면 계층 이동의 사다리를 타고 원하는 것을 얻을 수 있는 세상이 존재하지 않기 때문이다. 정확하게 말하면 그것은 일부에게만 가능한 명제이다. 어떤 경우에도 패자는 나올 수밖에 없다. 너무 당연하다는 이유로 우린 이 사실을 간과해 왔다. 게다가 실패한 후 "노력이 부족했기 때문입니다. 노력한 사람들은 모두들 성공했으니까요."라는 그릇된 결론까지 만들어 내고 있다.

여태껏 패했던 사람들에게 눈길을 돌려 보자. 끊임없이 노력하고 있는데 한 번도 긍정적인 결과를 얻어 보지 못한, 매번 아쉽게 좋은 성적으로 미끄러진 사람들 말이다. 이들이 가까스로 합격한 자들보다 노력이 부족했던 것일까? 잠을 보다 덜 자고 밥 먹는 시간까지 아껴 가면서 땀과 눈물을 더 흘렸어야 했나?

　박근혜 대통령은 취임사에서 "열심히 노력하면 누구나 일어설 수 있도록 중소기업 육성 정책을 펼쳐서 대기업과 중소기업이 상생할 수 있도록 하는 것이 제가 추구하는 경제의 중요한 목표입니다."라고 밝혔다. 취임 후의 한 공식석상에서는 "정부는 소상공인부터 중소기업 할 것 없이 모든 경제 주체들이 열심히 노력하면 꿈을 이룰 수 있는 경제 시장을 반드시 만들겠다는 강한 의지를 갖고 있다."고 말했다. 누구나 노력하기만 하면 꿈을 이룰 수 있다는 대통령의 말은 말 그대로 그의 '꿈'이 아닐까? 우리는 국가의 리더조차 무의식적으로 내뱉는 이 노력이라는 말을 다시 생각해 볼 필요가 있다. 노력에 관한 우리들의 믿음이 우리 삶을 어떻게 통제하고 이끌어 왔는지, 믿는 도끼에 발등 찍히기 전에 노력을 한번 의심해 보자.

집념의 상징인가 낭인인가

　낭인(浪人)은 '일정한 직업이나 거처 없이 떠돌아다니며 빈둥빈둥 노는 사람'을 말한다.[3] 부정적인 느낌이 강한 만큼, 최근 유행하는 '고시낭인'이라는 말도 좋게 들릴 리는 없다. 사법시험 존치를 위한 고시생 모임의 권민식 대표도 "목표를 위해 밤낮 없이 노력하는 우리가 단지 경제적 수입이 없다는 이유로 낭인이라 불린다면 이 땅의 모든 구직자들이 낭인이란 말인가."[4] 라며 자신들을 낭인으로 부르는 언론의 행태를 비판했다.

단순히 비난할 목적으로 이들의 처지나 노력을 폄훼해서는 안 되겠지만 고시낭인이라는 말이 왜 생겼을까 하는 의문은 가져 볼 수 있다. 이 말에는 아마도 20대, 심지어 30대의 전부를 오직 시험공부에만 매달리느라 세상을 경험하지 못한 그들에 대한 안타까운 마음이 담겨 있을 것이다.

낭인과 같은 사람들이 사법시험 준비생만 있는 것은 아니다. 최근에는 9급 공무원을 비롯해서 경찰간부 후보생, 교정직 공무원, 소방간부 후보생 등 정부가 주관하는 거의 모든 시험에서 장수생들을 발견할 수 있다. "어차피 취직하기엔 나이도 너무 많고, 지금까지 해 놓은 것이 공무원 시험 공부뿐이라 마땅히 다른 일을 찾을 수가 없어요. 송충이가 솔잎만 먹는다고, 몇 년간 한 우물만 판 결과인 셈이죠."[5] 서울의 유명 사립대를 졸업했다는 A씨는 대학을 졸업하던 27세부터 행정고시에 도전했지만 4번의 고배를 마셨다. 그러다 2008년부터는 국정원, 감사원, 경찰간부 후보생, 7·9급 공무원 시험 등 국가

고시라면 닥치는 대로 응시 중이라고 했다.

법률저널이 2015년 5월에 조사한 바에 따르면, 수험생 442명을 설문한 결과 31%(136명)의 수험생이 3년 이상 시험을 준비하고 있는 것으로 나타났다. 한때 사법고시생들로 성황을 이뤘던 신림동 고시촌만 해도 이제는 공무원 시험을 준비하는 사람들로 넘쳐나고 있다. 한정된 자리를 차지하기 위해 오랜 기간 노력이란 것을 해야 하는 경쟁 구도는 전혀 바뀌지 않았다. 다만 종목이 바뀌었을 뿐이다.

노력이 과연 믿을 만한 녀석인지 의심이 드는 첫 번째 영역은 바로 경쟁률이 높은 고시 현장이다. 행정자치부가 2015년도 지방공무원 7급 공개경쟁채용시험에 관해 보도한 자료에 따르면[6], 268명(행정직 155명, 기술직 113명)을 선발하는 지방공무원 7급 공채 필기시험에 33,527명이 응시 원서를 제출해 평균 125.1:1의 경쟁률을 보였다고 한다. 최고경쟁률을 기록한 지역은 경기도로, 41명 선발에 10,798명이 지원하여 경쟁률은 263.4:1이었다.

이 엄청난 수치는 무엇을 말하는 걸까? 냉정하게 들리겠지만 응시자 모두가 똑같은 노력을 기울였다고 해도 대부분은 공무원이 될 수 없음을 뜻한다. 불합격자들은 운이 없었다고 신세를 한탄하기도 하지만 소주 한잔 털어 넣고 내린 결론은 하나같이 똑같다. '조금만 더 노력하면 다음에는 좋은 결과가 있지 않을까.'

노력은 평가가 불가능하다. 누가 얼마나 많이 노력했는지를 공부 시간이나 준비 기간 같은 물리적 잣대로 평가하기는 어렵기 때문이다. 1, 2년 만에 높은 경쟁률을 뚫고 당당히 합격 수기를 남기는 사람들이 타고난 지능이나 요행만으로 합격했다고 말할 수는 없다. 그들의 합격 수기에도 엄청난 노력의 정도가 절절히 묻어난다. 그러나 안타깝게도 경쟁 구도에서는 노력이 결과로 이어지지 않는 경우가 많다. 노력은 배신하지 않는다는 말이 유행처럼 퍼질 때도 나는 이 말이 새빨간 거짓말이라고 확신했다. 나날이 사회는 복잡해지고 개인과 조직은 서로 연결되고 있다. 노력하면 원하는 것을 얻을 수 있다는 말은 소위 성공한 사람들이 할 수 있는 가장 쉬운 말이다. 그들은 말한다. 남들이 쉴 때 쉬지 않았고 포기할 때 조금 더 했을 뿐이라고. 그러나 이들은 중요하면서도 냉혹한 현실 하나를 말하지 않는다. 자신은 노력해서 성공했지만 자신처럼 노력했던 사람 중에서도 상당히 많은 사람들은 실패했다는 사실 말이다.

집념은 뜨겁고 끈기는 강렬하다. 이 둘로 무장한 사람은 승리하지 못할지언정 패배하지는 않는다. 왜냐하면 이들의 도전은 끝이 없기 때문이다. 오뚝이처럼 다시 일어서는 이 사람들을 결코 패배자라 부를 수는 없다. 땀이 배지 않은 결과만 나열된 인생은 심심하고 무료할지도 모르겠다.

그러나 도전에 임하는 자세가 바람직하다고 해도 자신이 내밀 수 있는 실질적인 카드가 노력뿐이라면 그 도전의 의미를 다시 생각해야 하지 않을까? 125.1:1이라는 경쟁률이 말하는 진실은 125명만 제치면 승자가 된다는 게 아니다. 33,527명 중에서 268명만 합격자의 지위를 누릴 수 있다는 것이다. 바꿔 말하면 이겨야 하는 대상은 125명이 아니라 33,259명이다. 비정하게 들리겠지만 이 치열한 경쟁에서 스스로 벗어나지 않는 이상, 낭인으로 남을지 집념의 상징이 될지는 오직 결과가 말해 줄 뿐이다.

교수 자리가 먼지

"대학에서 학생을 가르치고 있습니다." 스스로를 이렇게 소개하는 그들을 우리는 교수라고 부른다. 그러나 그들이 학생을 가르치는 평범한 사람이라며 자신을 낮춰도 우리 사회에서 교수는 결코 평범하지 않다. 그들은 학생들에게서 존경을 받을 뿐 아니라, 세를 모으지 않고도 개개인이 자신의 분야에서 큰 목소리를 낼 수 있다.

그들은 적어도 10년 이상을 한 분야만 파고 든 전문가이며 외골수들이다. 지식사회에서 전문가는 경제나 정치와 연결될 기회가 많은데, 그들의 지식이나 기술이 곧 자본이나 권력이 될 수 있다는 말이다. 교수 집단이 간서치(看書癡)가 연상될 만큼 순수하고 고매하게 비춰지면서도 세속적 열매를 얻을 수 있는 권력을 가진 것은 이 때문이다.

물론 교수 사회를 보는 시선이 곱지만은 않다. 2015년에만 서울대학교 수리과학부 교수가 제자를 상습적으로 성추행해 2년 6개월의 실형을 선고받는가 하면, 음대 성악과 교수는 상습 폭행과 폭언으로 파면을 당했다. 성남 소재 대학의 한 교수는 대학원생을 아바타 다루듯 하며 심지어 인분까지 먹이는 악행을 저질러 한국사회를 충격에 빠뜨리기도 했다. 연구비를 횡령하고 지도학생을 개인적으로 부리는 일이 보도되는 것은 이제 놀랄 일도 아니다.

그럼에도 불구하고 여전히 대학 교수라는 자리는 수많은 강사들이 청춘을 다 바쳐서라도 올라가고 싶을 만큼 매력적인 것이 사실이다. 그래서 교수 사회는 그 어느 조직보다도 피라미드의 경사가 가파르다고 할 수 있다. 아무나 교수가 될 수는 없다. 극한의 노력과 인고를 거친 자만이 교수라는 직함을 얻는다.

조선대학교에서 시간강사로 근무하다가 처지를 비관해 2010년, 자살을 선택했던 故서정민 박사의 이야기는 학계에 뿌리 내린 노력중독 현상의 무자비함을 적나라하게 보여 준다. 열여덟에 아버지를 여읜 그의 삶은 노력으로 점철되었다. 그는 아내에게 속옷 한 벌, 신문 한 부와 책 한 권만 들고 서울로 올라왔던 시절을 무용담처럼 얘기하곤 했다. 재수학원을 청소해 주는 대가로 수업을 들을 수 있었고, 대학생이 된 뒤에는 신문 배달과 공사장 막노동으로 학비를 벌었다. 연구하고 가르치는 일을 좋아했던 그는 언젠가 교수가 될 수 있을 거라는 믿음으로 박사가 된 뒤에도 시간강사로 8년을 더 일했다.

아내 박경자 씨는 지도교수의 한 마디가 서 박사의 지난 15년을 결정했다고 말했다. 지도교수는 "내가 정년퇴임하면 이 자리는 서 박사 자리다."라는 말을 입버릇처럼 되뇌었다고 한다. 그는 오직 이 말을 믿고 지도교수에게 순종하며 청춘을 쏟아 부었다. 그러나 2010년 5월 25일 저녁, 그 믿음이 허황된 것이었음을 깨달은 그는 '한국의 대학 사회가 증오스럽습니다.'라는 유서를 남기고 스스로 목숨을 끊었다.[7]

이 사건이 사회적 이슈가 된 것은 한 시간강사의 자살 때문만은 아니었다. 처지를 비관해 자살을 선택한 시간강사는 이전에도 있었다. 2003년에는 서울대 연구교수인 백준희 박사가, 2008년에는 건국대 강의전담교수인 한경선 박사가 목숨을 끊었다. 1998년 이래 7명이나 자살을 하면서 시간강사의 처우 개선에 관한 논의가 끊이지 않았지만 바뀐 것은 없었다.[8] 문제는 서 박사가 남긴 대학사회의 더러운 민낯에 관한 증언이었다. 그는 자신이 쓴 논문에 지도교수의 이름만 넣어 발표한 것이 대략 40건 정도 되며 지도교수의 제자 논문을 대필한 것도 10건에 이른다고 밝혔다. 그가 부당한 대우를 참았던 것은 지도교수가 가진 힘, 교수 임용을 좌우할 수 있다는 그 힘 때문이었다. 그리고 그 힘은 그를 끝없는 노력의 수렁에서 15년을 허비하게 만들었다. 유서에 거론된 의혹 당사자들은 결국 무혐의로 결론이 났지만, 서 박사가 목숨을 끊으면서까지 세상에 전하려 했던 메시지는 무엇이었을까?

서 박사의 죽음 이후 시간강사의 지위와 처우를 다루는 고등교육법 개정안이 2011년 12월에 국회를 통과했고 2016년 시행을 앞두고 있다. 그러나 당사자들인 강사들이 반대하고 나서 시행이 두 차례 연기된 바 있고 2016년 시행도 불투명한 실정이다. 그들은 "계약 기간만 6개월 늘리고 교원 이름만 줬을 뿐 언제 해고될지 모르는 시급제 '알바 강사' 처지인 점은 똑같다"고 말한다.[9]

2015년에 인문학도인 김민섭 씨가 '309동 1201호'라는 필명으로 출간한 《나는 지방대 시간강사다》라는 책에는 여전히 바뀌지 않은 시간강사들의 현실이 담담하게 기술되어 있다. 일주일에 4시간 인문학을 가르치는 대가로 그가 받은 강의료는 월평균 80만원이었다. 세금을 제하고 강의가 없는 방학 기간을 빼면 1년에 560만 원을 버는 셈이다.

강사들의 노력을 폄훼할 생각은 없다. 내가 아는 일부 강사들은 가르치는 일에 더 큰 의미를 두기 때문에 열악한 환경에도 불구하고 이 일을 계속하고 있다. 경력 상의 이유로 경험을 쌓는 강사들도 있다. 모든 시간강사들이 교수 자리를 바라보며 강의를 한다고 단정할 근거도 생각도 없다.

그렇다고 해도 교수 사회의 팍팍한 현실은 짚고 넘어가야 한다. 대학에서는 전임교원을 다시 정년트랙과 비정년트랙으로 구분한 뒤, 차별적인 근무 여건과 값싼 임금으로 또 다른 열정을 강요하고 있다. 국회 교육문화체육관광위원회 김태년 의원의 국정감사 보도자료에 따르면 2011년 전임교원의 12.0%(2,179명)를 차지했던 비정년트랙 교원은 2015년 20.6%(4,379명)까지 증가했다. 같은 기간 전임교원은 총 3,167명 증가했지만 이 중 2,200명(69.5%)이 비정년트랙 교원이었다. 2~3년 단위로 계약을 갱신하는 이들은 승진의 기회도 희박하며, 급여도 정년트랙 교원의 40~60% 수준인 것으로 나타났다. 교수님 소리는 들을 수 있을지라도 학교로부터 진정 교수 같은 처우를 받고 있는지는 의문이다.[10]

부당한 처사에 맞서 죽음을 선택한 고인들의 명복을 빈다. 그러나 현재 시간강사로 일하며 교수를 꿈꾸는 이들에게 묻고 싶다. 교수라는 그 꿈이 청춘을 다 바쳐도 될 만한 가치가 있는가? 10년 이상을 궁핍하게 지내도 좋을 만큼 매력적인가? 우리는 모두 알고 있다. 아무리 노력해도 모든 시간강사가 교수라는 자리에 오를 수 없다는 사실을. 그렇다면 강사라는 신분에서 벗어나지 못하는 사람들은 노력이나 실력이 부족해서일까? 그렇지 않을 것이다. 젊음을 다 바쳐 대학에 복종하고 순종하고 노력해도 교수라는 자리는 한정되어 있기 때문이다.

게다가 대학은 예전처럼 정과 의리가 넘치는 상아탑이 아니다. "대학에서 학생을 가르치고 있습니다."라고 떳떳하게 자신을 소개할 수 있는 교수가 몇이나 될까. 기업, 정부, 국회와 대학 사이에서 교묘하게 줄을 타는 교수들, 그런 줄을 타려고 준비하는 교수들이 얼마나 많은가. 이제 교수라는 자리는 돈과 권력을 위한 하나의 명함에 불과해졌는지도 모른다. 이런 자들에게 교수 자리를 갈망하는 수많은 약자들은 수업 부담을 줄여 줄 값싼 자원에 불과하다. 시간강사의 부당한 처우에 관해 대학교수들이 문제를 제기하고 목소리를 높인 적이 있었던가?

　　공부하고 가르치는 일을 좋아하는 사람들에게 교수가 되는 것은 눈부신 목표이다. 나는 이들이 꿈꾸는 자리에서 안정적으로 또 역동적으로 제자들을 가르치길 바란다. 그러나 눈부신 목표에 눈이 멀어 소중한 것들을 잃지 않았으면 한다. 교수집단이나 대학은 그들이 청춘을, 가족을, 다른 소중한 경험들을 모두 포기하도록 희망고문을 해서는 안 된다. 물론 교수가 되길 바라는 자들 스스로도 목표에 매몰되는 것을 경계하고 스스로에 대한 성찰을 게을리해서는 안 된다. 이 같은 의식 없이 '언젠가는 내 자리가 생길 거야, 조금만 더 열심히 하면 될 거야.'라며 막연한 희망에 인생을 건다면 도박과 무엇이 다른가? 이것이야말로 노력에 중독되어 삶을 제대로 살지 못하는 것이다. 교수를 목표로 달리는 이 치열한 경쟁에서 스스로 빠져나오지 않는 한, 대부분의 강사들은 아까운 재능과 소중한 시간을 자신의 성장이 아닌 대학의 배만 불리는 데 쓰게 될 것이다.

하늘의 별 따기

나는 군에서 13년을 복무했다. 사관학교 시절을 포함하면 군복을 입은 기간이 17년이다. 20대의 전부와 30대의 절반 이상을 군에서 보냈다. 전역한 지금도 군대와 관련된 소식에 먼저 눈이 가는 것은 미우나 고우나 그곳이 내가 몸담았던 곳이고 지금의 나를 만들어낸 주 무대였기 때문이다. 특히 진급 철이 되면 애석하게 고배를 마셔 안타까워하고 있을 선후배들의 모습이 떠올라 마음이 아프다. 진급은 자신의 공을 인정받았다는 증거이며 앞으로 더 큰 역할을 수행해 보라는 조직의 기대가 반영된 명령이다. 그러므로 군인에게 진급이 군 생활의 전부는 아니더라도 중요한 목표 중 하나임은 분명하다.

진급은 명예롭지만 그 과정은 쉽지 않다. 진급 심사에서 가장 큰 비중을 차지하는 것은 상급자의 평가인데, 대위 계급부터는 상대평가가 이뤄진다. 상관이 동일한 평가 그룹에 묶인 부하들을 업무 성과나 잠재 능력을 기준으로 A등급 20%, B등급 30%, C등급 50%로 분류하는 식이다. 이런 평가는 군 생활이 끝날 때까지 계속된다. 자신이 아무리 잘해도 더 뛰어난 사람이 있거나 진급에서 수차례 낙방한 선배가 같은 그룹에 묶인다면 상관은 그 사람에게 A등급을 부여할지도 모른다. 게다가 이런 평가를 1년에 두 차례씩, 다음 계급의 진급 심사 때까지 보통 5년 정도를 받아야 한다. 상위계급으로 올라갈수록 자리는 급격히 줄어들기 때문에 10회의 평가에서 대략 7번 정도는 A를 받아야 진급이 가능하다. 물론 음주운전 같은 중대한 법규 위반이나 지휘 소홀에 따른 사고 등이 발생했을 때는 심사에서 우선 배제되기 때문에 유념해야 하는 것은 말할 필요도 없다. 이뿐만 아니다. 각종 교육에서도 우수한 성적을 받아야 하며 체력 관리도 잘해야한다. 직무와 관련된 능력을 충분히 계발하고 있으며 미래에 요구되는 지식과 기술 또한 충분하다는 사실도 증명해야 한다. 이 모든 것이 점수화되어 진급 심사에 반영되기 때문이다.

장군으로 진급하는 것은 그야말로 하늘의 별 따기다. 2015년에는 5,691명이 소위로 임관했고 85명의 대령이 장군 계급장을 달았다. 단기 복무자가 포함되어 있다고는 해도 지금의 정원과 시스템이 그대로 유지된다면 5,600여 명을 이겨야 장군 계급장을 달 수 있다는 말이다. 장군은 고사하고 중령이나 대령 진급도 결코 만만치 않다. 2014년 진급 심사를 기준으로, 중령 진급 대상자인 소령 4,544명 중 832명만 진급의 영광을 맛봤고(경쟁률 5.46:1), 4,248명의 중령 중에서 305명이 대령으로 진급했다(경쟁률 13.92:1). 육군만 놓고 보면 경쟁률

구분	출신	대상	진급	진급률	비율
'10년	육사	874	45	0.051	0.763
	비육사	408	14	0.034	0.237
계	–	1282	59	0.046	–
'11년	육사	872	46	0.053	0.780
	비육사	412	13	0.032	0.220
계	–	1284	59	0.046	–
'12년	육사	762	45	0.059	0.763
	비육사	384	14	0.036	0.237
계	–	1146	59	0.051	–
'13년	육사	781	45	0.058	0.776
	비육사	421	13	0.031	0.224
계	–	1202	58	0.048	–
'14년	육사	762	45	0.059	0.776
	비육사	441	13	0.029	0.224
계	–	1203	58	0.048	–

대령 ▶ 준장

구분	출신	대상	진급	진급률	비율
'10년	육사	886	140	0.158	0.651
	비육사	2062	75	0.036	0.349
계	–	2948	215	0.073	–
'11년	육사	878	146	0.166	0.685
	비육사	2085	67	0.032	0.315
계	–	2963	213	0.072	–
'12년	육사	854	145	0.170	0.681
	비육사	2144	68	0.032	0.319
계	–	2998	213	0.071	–
'13년	육사	816	134	0.164	0.670
	비육사	2162	66	0.031	0.330
계	–	2978	200	0.067	–
'14년	육사	829	129	0.156	0.679
	비육사	2129	61	0.029	0.321
계	–	2958	190	0.064	–

중령 ▶ 대령

구분	출신	대상	진급	진급률	비율
'10년	육사	289	212	0.734	0.407
	비육사	2775	309	0.111	0.593
계	–	3064	521	0.170	–
'11년	육사	299	220	0.736	0.420
	비육사	2752	304	0.110	0.580
계	–	3051	524	0.172	–
'12년	육사	266	205	0.771	0.370
	비육사	2883	349	0.121	0.630
계	–	3149	554	0.176	–
'13년	육사	242	185	0.764	0.356
	비육사	2773	335	0.121	0.644
계	–	3015	520	0.172	–
'14년	육사	369	243	0.659	0.442
	비육사	3111	307	0.099	0.558
계	–	3480	550	0.158	–

소령 ▶ 중령

표. 최근 5년간 육군 영관급 장교 출신별 진급현황

은 더 높아져, 소령에서 중령은 6.32:1, 중령에서 대령은 15.56:1이었다.[11]

중령으로 진급하지 못한 소령들은 계급 정년이 되는 45세가 되면 군을 떠나야 한다. 인구통계학 권위자 해리 덴트에 따르면 현대인은 48세 무렵에 인생에서 가장 많은 돈을 쓰는데,[12] 진급에 실패한 소령들은 이 시기에 제2의 인생을 시작해야 한다.

앞에서 진급이 결코 쉽지 않다는 사실을 살펴봤는데 군을 떠나는 그들에게 노력이 부족했다, 앞으로는 좀 더 노력해라, 그러면 성공할 수 있다고 말할 수 있을까? 모두가 똑같이 노력해도 누군가는 떠날 수밖에 없는 것이 현실이다.

한편, 2014년 육군본부에 대한 국정감사를 진행하면서 새정치민주연합의 진성준 의원이 비판한 내용을 보면 군이 사람을 쓰는 데 있어서 어떤 문제를 갖고 있는지 알 수 있다.[13] 그에 따르면, 최근 5년간 육군의 장군(준장) 진급자 중 육사 출신의 비율은 거의 80%에 육박한다. 준장 진급 대상자인 대령의 수를 비교했을 때는 육사 비율이 높았지만 중령에서 대령, 소령에서 중령 진급 대상자를 살펴보면 비육사 출신들이 압도적으로 많다. 그럼에도 불구하고 육사 출신 소령과 중령들의 진급률은 5~6배 가량 높다. 자연히 육사 출신 대령들이 많을 수밖에 없으므로 장군 진급 심사에서는 이들의 독무대가 펼쳐지고 있는 것이다.

육군보다 덩치가 작은 해군과 공군에서는 사관학교 출신의 영향력이 훨씬 더 컸다. 공군에서는 최근 5년간 67명의 대령이 장군으로 진급했지만 사관학교 이외 출신은 2명에 불과했고 해군은 59명 중 1명뿐이었다. 해마다 국정감사에서는 여야를 막론하고 사관학교 출신 장교들의 독식을 비판하고 있다. 출신에 따라 올라갈 수 있는 계급이 사실상 정해져 있는 불문율을 깨뜨리라는 질책이다. 이런 마당에 까마득한 후배들을 보면서 열심히 군 생활 하라고 말하는 사람은 현실을 직시하지 못하거나 이런 기류에 편승해 스스로가 혜택을 보고 있음을 시인하는 것이다.

다행히 육군에서는 2011년부터 '대위→소령' 진급 심사를, 2013년부터는 '소령→중령' 진급 심사를 자율 경쟁으로 전환했다. 출신에 따른 차별을 없애겠다고 공언한 것이다. 하지만 자율 경쟁이 도입된 2013년 이후 세 차례의 '소령→중령' 진급 심사에서도 사관학교를 나오지 않은 장교들의 진급률은 10%대인 데 반해 사관학교 출신의 진급률은 무려 70%에 달했다.

모두가 노력해도 결국 상위 계급의 자리는 일부에게만 주어진다. 게다가 사관학교 출신이 아니라면 장군은커녕 중령 계급장을 다는 것도 하늘의 별 따기나 마찬가지이다. 그래서 나는 매년 청운의 꿈을 품고 군문에 들어서는 후배 장교들에게 열심히 하면 꿈을 이룰 수 있다고 말하지 않는다. 대신 어떤 군인이 되고 싶은지 물어볼 뿐이다.

군에서는 계급이 큰 의미를 가지지만 막상 진급만 바라보고 군 생활을 하면 길을 잃는 경우가 많다. 많은 것을 희생하며 군 생활에 최선을 다했지만 더 이상 중령이나 대령으로의 진급이 어렵다는 것을 깨달은 순간부터 남은 기간을 때우거나 버티는 사람들도 있다. 모든 것을 바쳤지만 돌아오는 것은 아무 것도 없다는 자괴감이 그들의 일상을 지배했다. 자신도 군의 일원이면서 군을 욕하는 모습을 마주할 때는 안타깝고 씁쓸했다.

승부욕, 집념, 끈기, 열정도 중요하지만 노력해도 누군가에게는 안 되는 게 현실이다. 유능함에도 불구하고 어떤 이들은 원하는 것을 얻지 못하는 게 바로 경쟁의 본질이다. 게다가 출신에 따른 차별 같은 구조적 문제도 도사리고 있다. 이는 개인의 노력으로 쉽게 바뀌지 않는다. 그러므로 진급에 목매지 말라고 말하고 싶다. 진급은 군 생활을 즐겁게 하다 보면 얻게 되는 부산물이라고 여기는 게 좋다. 진급을 통해 조직으로부터 인정받는 것도 좋지만, 그렇지 못하더라도 스스로 만족하는 삶을 일궈야 한다. 그렇지 않으면 자신에게 끝없는 희망고문을 가하다가 결국 노력에 중독되어 진급보다 더 소중한 것들을 잃게 될지도 모른다.

누구나 그러나 아무나

재력은 물론 대중의 인기와 명예까지 얻는 가수나 영화배우, 운동선수는 극소수다. 수많은 꿈나무들이 그들처럼 되기를 바라지만 대부분은 평범한 삶을 살게 된다. 자리는 얼마 없는데 그것을 원하는 사람이 많을 경우, 즉 공급은 적은데 수요가 많을 경우 그 자리를 얻기 위한 대가는 커진다. 누구나 원할 수 있지만 아무나 차지할 수는 없도록 진입장벽이 높아지는 것이다. 그러므로 경쟁은 '누구나'에서 '아무나'를 솎아 내는 과정이라 할 수 있다.

문제는 이런 과정이 사회의 거의 모든 영역에서 일어난다는 것이다. 우리는 공무원 시험을 준비하지 않아도, 교수가 되고 싶은 강사가 아니어도, 진급에 목매는 군인이 아니더라도 '누구나'의 일원이 된다. 돌아보면 우리가 일상에서 영위하는 대부분의 활동은 결국 '누구나' 중에서 '아무나'가 되지 않으려 애쓰는 것이다. 그럼에도 불구하고 대부분은 '아무나'가 될 수밖에 없다.

KB금융지주 경영연구소의 〈국내 치킨 비즈니스 현황 분석〉에 따르면[14] 2013년 기준, 치킨 전문점 수는 3만 6천 개에 달한다. 주거지 및 근무지를 기준으로 했을 때는 1km^2 마다 평균 13곳이 영업을 하고 있어 10년 전 7곳에 비해 2배가량 증가했다. 반면 점포 수 대비 거주 인구수는 10년 전에 비해 2.2배 감소했다. 점포 반경 1km^2 당 3,055명이 살다가 지금은 1,414명으로 줄어들었으니 10년 만에 경쟁은 약 4배 치열해졌다고 볼 수 있다. 그럼에도 지난 10년간 치킨 시장의 총 매출액은 3천 3백억 원에서 3조 1천억 원으로 약 9배 증가했다.

먹을 수 있는 파이가 대폭 커졌지만 시장은 냉정했다. 지난 10년간 치킨 전문점의 평균 생존 기간은 2.7년으로, 일반음식점(3.2년)과 개인사업자 전체 평균(3.4년)에 비해 짧았다. 2001년 이후 창업한 치킨 전문점의 휴업 및 폐업률은 79.5%에 달했다. 치킨 전문점 100곳이 새롭게 문을 여는 동안 휴업하거나 폐업하는 치킨 전문점은 80군데 가까이 되었다는 말이다. 전단지가 다달이 업데이트되어야 하는 이유가 이 때문이라고 생각하니 씁쓸하다. 그 덕에 전단지 업계는 좀 숨통이 트일지도 모르겠으나, 새로운 전단지를 볼 때마다 이쪽의 살을 뜯어 저쪽이 먹는 현실의 비정함이 너무나 또렷하게 느껴졌다.

국세청이 2014년 국정감사를 위해 국회에 제출한 자료에 따르면, 2004년부터 2013년까지 자영업 창업자 수는 949만 명, 폐업자 수는 793만 명이었다. 단순 비교를 했을 때 생존율은 16.4%에 불과하다.[15] 치킨 전문점뿐 아니라 숙박, 음식, 단순소매업 등 거의 모든 분야에서 경쟁이 만만치 않다는 것을 알 수 있다.

2013년 기준, 우리나라 전체 취업자 중에서 자영업자는 22.9%에 달한다. 미국 6.7%, 일본 8.9%, 프랑스 10.0%, 독일 11.0%에 비해 크게 높으며, OECD 평균 15.4%에 비해서도 매우 높은 수준이다.[16] 이는 1997년 외환위기 이후 구조조정 과정에서 증대된 생계형 자영업이 지속적으로 증가했기 때문이다. 그만큼 국내에서는 자영업자 간 경쟁이 치열해진다.

경쟁에서는 '아무나'가 나올 수밖에 없지만, 그 수가 과도하게 많거나 '아무나'가 될 확률이 극단적으로 높은 것은 문제가 된다. 이럴 경우 우리는 경쟁이 벌어지는 판 자체가 잘못되었다고 의심해야 한다. 패자가 다시 도전하지 못하거나 경쟁에서 도태된 후 정상적인

생활이 불가능하다면 이런 경쟁은 결국 모든 참가자들의 공멸로 이어질 것이다.

그러나 그보다 더 문제가 되는 것은 이런 상황에서도 여전히 노력하라는 말을 입에 달고 사는 사람들이며, 노력하면 경쟁에서 이길 수 있을 것이라 믿는 그 변함없는 태도이다. 노력의 가치를 폄훼하려는 것이 아니다. 불필요한 희망고문을 가하지 말라는 말이다. 자신이 매달리고 있는 그 목표를 다시 돌아보고, 그보다 중요한 것을 놓치고 있는 것은 아닌지 고민해야 한다. 지난 10년간 10명 중 8명은 실패했다. 여러 정책적 지원에도 불구하고 자영업계의 상황은 나아지지 않았다. 이제는 아무리 노력해도 내 식당 하나, 내 점포 하나 지킬 수 없다.

개인사업자에 대한 대출금은 2015년 1월부터 9월 사이에만 23조 3천억 원이 늘었다. 전년도 증가 폭인 18조 8천억 원을 훨씬 웃돈 것이다. 이 같은 증가 폭은 한국은행이 관련 통계를 집계한 2009년 이래 최대 규모다. 은행의 개인사업자 대출 잔액은 9월 말, 232조 6천억 원에 달했다. 이는 중소기업에 대한 대출 잔액 554조 6천억 원의 절반이다. 과연 자영업자들이 지금보다 더 노력하면 빚도 갚고 형편이 좀 나아질 수 있을까?

열에 아홉은 갖고 있는 상처

앞서 살펴보았듯, 경쟁을 하는 한 아무리 노력해도 실패자는 나오기 마련이다. 이는 어린아이들도 당면하고 있는 현실이다. 아직 정신적으로 성숙하지 못한 아이들에게는 더 가혹하고 직접적으로 느껴질지도 모르겠다. 오늘날 기성세대는 공부와 성적, 성공과 미래라는 명분으로 자신들이 경험했던 것보다 더 무겁고 날카로운 경쟁의 틀을 아이들에게 씌우고 있다. 자식 잘되라는 생각에 '부모 마음이 어디 그러니'라는 변명을 하며 아이들을 가파른 절벽으로 밀어붙이고 있는 것이다.

학벌에 따른 성공과 실패를 경험한 부모 세대는 좋은 대학을 나와야 경쟁에서 유리하다고 확신한다. 이런 믿음은 아이들에게 끝없는 노력을 강요하면서도 죄의식을 느끼지 않게 해 주는 유일한 밑천이다. 부모들은 자식에게 공부하라 닦달하는 것이 싫지만 이 모든 것이 자식들을 위한 것이니 어쩔 수 없다고 토로한다. 그러나 그 모든 부모에게 달콤한 열매가 돌아갈 리는 만무하다. 아이들이 성적표를 들고 오는 날은 스트레스가 정점에 이르기도 한다. 이런 성적으로는 어림도 없다는 말을 되뇌며 1등급을 쟁취할 날까지 아이들을 다그친다. 이런 지루한 마라톤은 몇 년씩 이어진다.

고3, 19살 나이에 받는 성적표가 인생이란 여정의 차표라도 되는 양 우리는 너무나도 일찍 자녀의 목적지를 제한한다. 공부에 목을 매는 아이들과 부모들에게 '4등급'이란 곧 '지방의 이름 없는 대학을 졸업하고 이름 없이 살아가는 삶'과 동의어이다. 그러나 이들이 하나같이 바라는 서울대, 연세대, 고려대 등 소위 명문대를 갈 수 있는 학생은 전체의 10%도 안 된다. 모든 학생이 목숨 걸고 노력해도 열에 아홉은 소위 학벌의 실패자가 될 수밖에 없는 것이다.

그렇다 보니 90%를 따돌리기 위한 공부와의 전쟁은 점점 개전 시점이 앞당겨지고 있다. 열성적인 부모들은 '돼지엄마'라 불리는 정보통을 따라다니며 유치원 때부터 아이들의 학습과 경력을 주도적으로 관리하기 시작한다. 마치 자신이 수험생인 마냥 10년짜리 마라톤을 시작하는 것이다. 그들은 이 모든 노력이 결국에는 자녀들의 행복한 미래를 위한 초석이 될 것이라고 확신한다. 그러나 견고했던 확신은 아이들의 학년이 오르면서 반신반의로 바뀌고 고등학교에 들어가면서부터는 분노를 넘어 자포자기로 변하기도 한다. 소위 성적표라는 것에 자기 아이의 위치가 그대로 도식되기 때문이다. 부모들은 그 위치가 곧 자식들이 앞으로 오를 수 있는 사회적 지위라고 믿는다. 그 과정에서 아이들은 소중한 인격체가 아닌 공부하는 기계로 전락하고, 성능이 뛰어나지 못하다는 질책과 비난에 주눅 든다.

2014년 한국의 대학 진학률[17]은 70.9%에 달했다. 82%를 상회했던 2005년에 비하면 많이 감소했지만[18] 여전히 높다. 미국의 대학 진학률은 2012년 기준 69.7% 수준으로 우리와 비슷하지만, 지원자 전원을 선발하는 Open Admission 정책을 취한 4년제 대학이 26%에 달해 상위권 대학 일부를 제외하고는 경쟁이 치열하지 않은 편이다. 대학교육이 취업을 위한 경로가 되어 버린 우리와는 달리, 사회적 책무로써 고등교육 기회를 제공하려는 의도 덕분이다. 독일, 일본, 프랑스, 영국의 대학 진학률이 50% 내외이거나 훨씬 밑도는 것을 고려하면 우리나라에서는 거의 맹목적으로 대학에 진학하는 경향이 있고 이것이 바로 학생들에게 엄청난 경쟁을 강요하는 원인이 된다.[19]

물론 교육의 문제는 교육정책만으로 해결할 수 없다. 이것은 학벌이 지배하는, 대학 서열이 존재하는 우리 사회의 구조적 문제이기 때문이다. 그것이 곧 연봉과 권력으로 이어지는 한, 혹은 그렇지 않더라도 부모들이 그렇다고 믿는 한 상황은 나아지지 않을 것이다. 언론에서는 학력이 높을수록 삶의 만족도가 높다는 연구를 인용하며 우리 사회의 학벌 문화를 비판하지만 오히려 부모들에게 '행복은 결국 성적순이야'라는 확신만 심어 줄 뿐이다.

세계에서 가장 똑똑하지만 동시에 불행한 우리의 아이들. 현재의 경쟁 시스템에서 이들은 아무리 노력해도 열에 아홉은 상처를 가질 수밖에 없다. 이들에게 노력 이외의 다른 대안은 없는 걸까? 모두가 대학을 나오지 않고도 사람다운 삶을 살 수 있지 않을까? 이제 그런 고민을 함께 시작하고 행동으로 옮길 때가 되었다.

노력중독사회는

노력을 강요하고
성공과 결부시킨다

경쟁사회의 진화

인간은 말코손바닥사슴이나 코끼리물범과 닮았다. 만물의 영장
인 인간이 한낱 풀을 뜯어 먹고 상위 포식자에게 잡아먹히는 짐승과
같다니. 다윈의 진화론을 경제학에 접목한 코넬 대학의 경제학 교수,
로버트 프랭크의 생각이다. 그는 심지어 "100년 뒤의 경제학자들은
'경제학의 아버지가 누구냐'는 질문에 애덤 스미스가 아니라 찰스
다윈을 더 많이 꼽을 것이다."라고도 했다. 그 유명한 '보이지 않는
손'이 이젠 정말 보이지 않게 될지도 모른다.[20] 이제부터 정말 중요한

이야기가 시작되니 심호흡 한 번 하고 따라오기 바란다.

개인의 합리적 판단, 즉 경쟁에서 이기기 위해 내린 결정은 때때로 바람직하지 않은 결과로 이어진다. 이름도 독특한 말코손바닥사슴은 강한 수컷만이 암컷과 짝짓기를 할 수 있다. 수컷의 무기인 뿔은 큰 경우 길이가 1.2미터이고 무게는 18킬로그램에 달한다. 이 정도면 1.8L짜리 생수 10병을 머리에 지고 있는 셈이다. 이런 기이한 성장은 종 내에서 자신의 경쟁력을 높이지만 장기적으로는 수컷 전체의 뿔이 비대해지면서 숲이 우거진 지역에서는 기동성이 떨어지게 된다. 결국 늑대와 같은 포식자들의 먹잇감으로 전락할 확률이 상대적으로 증가하면서 다른 종과의 경쟁에서는 밀리는 결과를 초래한다.

코끼리물범도 역설적인 군비경쟁의 전형이라고 할 수 있다. 수컷의 무게는 거의 2.7톤에 달하는데 짝짓기 철에는 어느 한쪽이 포기할 때까지 몇 시간이고 격렬히 싸운다. 그런데 암컷 100여 마리를 독차지하기 위해 불려 왔던 거대한 몸집이 상어 등의 포식자들에게는 오히려 매력적인 먹잇감이 된다. 거대한 수컷은 탐스러울 뿐 아니라 움직임도 느리기 때문이다. 결국 코끼리물범 세계에서는 합리적 선택이었던 몸집 불리기가 종의 생존율을 떨어뜨리는 요인으로 작동한다.

말코손바닥사슴과 코끼리물범의 이야기는 우리에게 사회적 합의의 필요성을 말해 준다. 무한경쟁으로 가다가는 결국 공멸로 이어질 수 있다고 경고하는 것이다. 물론 그들에게는 '뿔의 크기는 1미터까지만 키우자', '몸무게는 1.5톤까지만 허용하자'와 같은 합의를 도출할 마음이 없어 보인다. 아직까진 포식자의 먹이가 되지 않는 일보다 자신의 후손을 남기는 일에 더 치중하기 때문이다. 그들이 '공멸방지대책위원회' 같은 기구를 설립할 리도, '수컷대타협회의' 같은 모임을 꾸릴 일도 없다. 그들은 호모도 아니고 호모사피엔스는 더욱 아니다.

그러나 우리는 데카르트가 남긴 유명한 말처럼 '생각함으로써 존재할 수 있는 동물'이다. 다행히 공멸을 우려한 몇몇 사람들은 로버트 프랭크 교수가 말한 것처럼 개인의 자율에만 기대지 않고 집단행동에 나섰다. 예를 들어, 스포츠선수들에게 스테로이드 같은 약물을 금지하는 규제를 살펴보자. 이런 약의 복용을 허용하면 처음에는 약물의 효과로 경쟁우위를 점하는 선수가 생기겠지만, 모든 선수들이 약의 힘을 빌리는 순간 경쟁우위는 사라지고 선수들의 몸만 상하게 된다. 그러니 애초부터 약물을 허용하지 않는 게 바람직하다는 결론을 얻을 수 있다. 축구선수들이 정강이 보호대를 착용하는 것도 마찬가지다. 보호대를 안 하면 활동하기 수월하지만 모든 선수가 보호대를 제거하면 결국 다치는 선수만 나오고 어느 누구도 우위를 점하지 못한다. 그러니 선수를 보호하는 효과라도 거두는 편이 합리적이고 타당하다. 아이스하키 선수들이 헬멧을 착용하고 권투선수가 마우스피스를 입에 무는 것도 같은 맥락에서 이해할 수 있다.

미흡하긴 하지만 산업현장에서도 무한경쟁을 제재하려는 움직임이 나타났다. 2010년부터 대기업과 중소기업의 상생을 지원하는 동반성장위원회의 활동이 대표적이다. 위원회는 중소기업 적합업종을 선정하는 등, 자본력을 앞세워 골목 상권까지 먹어치우려는 대기업을 제어하고 있다. 물론 권고사항에 불과하고 법적 강제력이 없어 실효성에 의문이 제기되고 있으나 무한경쟁에 반발하는 목소리가 들린다는 것은 고무적인 일이다.

그러나 경쟁사회의 진화는 점점 고도화되고 있다. 마치 집단행동이 일어나지 않도록 교묘한 수를 쓰고 있는 듯하다. 이제 경쟁사회는 싸워서 이기라는 말 대신 "조금만 더 노력해. 너라면 할 수 있어."라는 달콤한 말로 개인의 자아실현이나 생존 욕구를 자극하며 끝없는 헌신과 희생을 요구한다. 결국 자본과 시장의 힘은 '보이지 않는 손'이 아니라 '보이지 않는 경쟁'에 의해 더욱 강화되는 셈이다.

'노력'이란 말을 누가 거부할 수 있을까. 노력하지 않고 대가를 바라는 게 도둑질이라고 배우지 않았던가. 옛말에도 일하지 않았으면 밥도 먹지 말라고 했으며, 열 번 찍어 안 넘어 가는 나무가 없다고 했다. 비근로소득에는 세금도 무겁다. 그러니 땀 흘리고 노력하는 일은 아름답다. 그럼에도 불구하고 노력해 보자는 말은 오늘날 가혹한 격려로 둔갑했다. 경쟁을 하는 이상 모든 사람이 상위 10%에 들 수는 없다. 그렇다면 경쟁을 유지하면서도 원하는 것을 얻을 수 있는 비율이 20, 30, 40%로 늘어날 수 있다면 세상은 더 살기 좋아지지 않을까? 실패자나 낙오자에게도 세상은 아름다워야 한다. 반면 지금처럼 10%만을 위한 경쟁 체제가 지속된다면 우리도 말코손바닥사슴이나 코끼리물범이 될 수 있다. 자신도 그렇게 될 수 있다는 생각으로 세상을 바라보자.

하버드 학생만큼 노력 안 해 봤으면서

2015년 내 블로그에서 가장 뜨거웠던 글은 《《하버드 새벽 4시 반》과 노력에 대한 그릇된 신화》였다. 많을 때는 하루에 천 명씩 이 글을 읽었다. 하루 평균 방문자가 400명에 불과했던 내 블로그는 이 글로 인해 한동안 유명세를 탔다. 나는 이 글을 통해 무조건적인 노력이 위험할 수 있음을 경고했다. 글을 읽은 많은 사람들은 '99%의 노력과 1%의 영감'이란 에디슨의 말이 어떤 의미인지 알게 되었다며 고마움을 표했다. 우리는 수천 번의 실패 뒤에도 실험을 멈추지 않았다는 에디슨을 떠올리며 노력은 결코 배신하지 않는다는 교훈을 얻는다. 자연스레 '99%의 노력'을 가슴에 새긴다. 그러나 1%의 남다른 아이디어와 창의성, 사명감이나 소명의식이 먼저 발현된 뒤, 그것을 실행하는 데 99%의 에너지를 쏟아야 한다는 게 에디슨이 진정 하고자 했던 말이었다. 의미 있고 가슴 뛰는 일에, 즉 1%의 영감에 에너지를 쏟을 때 가치를 창조할 수 있다는 말이다. 에디슨은 대부분의 발명을 수행할 때 영감이 먼저였고 노력이 그 뒤를 따랐다.

나는 무조건 노력했던 삶을 후회하는 사람들도 언급했다. 은퇴자 천 명과의 인터뷰 내용을 담고 있는《남자가, 은퇴할 때 후회하는 스물다섯 가지》를 인용하며 일밖에 모르고 살았던 은퇴자들의 이야기를 소개했다. "직장 다닐 때 술자리마다 빠지지 않고 참석했어요. 술 잘 마시고 의리 있고 '스킨십' 좋은 사람으로 통했죠. 잔소리하는 아내한텐 '술자리에서만 오가는 고급 정보를 놓치지 않으려면 그래야 한다'고 큰소리치곤 했어요. 그런데 지금 와서 보니 말짱 헛것이더군요." 은퇴자들은 일에 미쳤던 자신의 지난 삶을 후회했다. 또한 실적에 대한 압박으로 이 일, 저 일 닥치는 대로 떠안았지만 정작 실적은 오르지 않고 지쳐 나가떨어졌던 경험도 털어놓았다. 나는 타인의 부탁을 거절하는 용기와 기술을 갖추는 것은 물론이고 자신의 일도 다른 사람에게 부탁할 줄 알아야 한다고 제안했다.

노력하는 삶에 염증을 느껴서인지 많은 사람들이 이 글을 지지해 줬다. 사실 우리는 노력하지 않으면 큰일이라도 날 것처럼 늘 분주하다. 나는 국방어학원에서 근무할 때 외국군 장교들의 고국 이야기, 이를테면 가만히 앉아서 일 년에 쌀을 세 번이나 수확하는 방글라데시, 잘라 먹어도 금세 또 올라오는 파인애플 왕국 태국, 1년 내내 열대과일과 해산물이 넘쳐나 굶어 죽을 일이 없다는 에콰도르의 이야기를 들으면서 그들의 느긋한 성품을 이해할 수 있었다. 1시간의 식사 시간이 다 지나도록 여전히 샐러드를 먹으며 여유를 부리는 페루 장교를 보면서 우리는 뭐가 급해 10분 만에 식사를 끝내고 또 사무실로 달려가는지 자괴감이 들기도 했다. 우리 대부분이 현재를 즐기지 못하고 미래의 어떤 시점을 위해 늘 달려가기만 하는 건 아닐지 물음표가 가슴에 새겨진 것도 그 무렵이다.

이런 관점에서 보면 2014년 출간되어 선풍적인 인기를 끌었던 《하버드 새벽 4시 반》이라는 책은 우리 사회에 잘못된 메시지를 전하고 있는 게 틀림없다. 하버드 대학교 학생들의 열정과 노력을 다룬 이 책이 전하는 메시지는, 세계 최고라 불리는 하버드 대학교의 경쟁력이 학생들의 우수한 두뇌나 재능인 줄 알았는데 알고 보니 역설적이게도 노력이었다는 것이다. 물론 이 책은 노력 이외에 열정, 실행력, 배움, 유연성, 자기반성 등의 덕목도 다룬다. 어떤 면에서는 노력보다 중요한 가치들이다. 그러나 책 제목처럼 노력의 중요성이 전면에 부각되면서 '일단은 노력해야 한다'는 잘못된 메시지를 만들어내고 말았다.

실제로 이 책을 펴낸 출판사 라이스메이커 민영범 대표의 말은 충격적이었다. 그는 무한경쟁에 내몰렸음에도 일자리가 없어 실의에 빠진 우리 한국의 청년들에게 실제 도움이 되는 이야기를 해 주고 싶었다고 했다. 힘들어 하는 청춘들이 자신의 환경을 탓하기 전에 정작 '나의 새벽은 하버드보다 뜨거웠는가?'라고 되물어 봄으로써 자기 연민과 현실적 핑계에서 스스로 벗어나길 바랐다는 것이다. 성공이나 경쟁이란 수식어가 외면 받는 자기계발서 시장에서 '노력'이란 레토릭으로 포장한 이 책은 베스트셀러에 등극했다. 그러나 출판사 대표가 강조했던 노력도 결국은 성공이나 경쟁과 다를 바가 없다.

세계 최고의 인재들인 하버드 대학생들이 새벽 4시 반에도 여전히 불을 밝히고 있다는 사실은 성실과 노력이 답이라는 단순한 진리를 말하지만 그 이면에는 열정, 실행력, 배움, 유연성, 자기반성, 목표 수립과 같은 수많은 가치들이 함께 움직인다. 이를 간과한 채 실패의 원인을 노력 부족으로만 돌리는 것은 맥을 잘못 짚은 것이다. 우리는 노력이라는 가치에만 매몰되어 더 중요한 가치를 잃을 수도 있다는 사실을 늘 염두에 둬야 한다.

노력은 배신하지 않는다는 메시지를 던지는 수많은 성공담들을 보며 우리는 되물어야 한다. 왜 노력이어야 하는가? 노력 이전에 원하는 삶의 모습, 1%의 영감을 먼저 떠올려야 하는 게 아닐까? 방글라데시, 태국, 페루의 국민들이 한국인보다 불행한 삶을 산다고 자신하는가? 과연 잘 사는 것의 기준은 무엇일까? 이런 고민들에 소홀하면 노력이라는 달콤한 사탕을 아무 생각 없이 꿀꺽 삼킬지도 모른다.

강요된 거위의 꿈

성덕대왕신종, 일명 에밀레종은 19톤이나 되는 거대한 덩치에
도 불구하고 1,200년 이상 그 소리를 잃지 않았다. 두드리다 보면 깨
지기 마련인데 그 오랜 세월을 어떻게 버텨 왔을까? 성분 검사에서
사실이 아닌 것으로 밝혀졌지만, 주물을 만들 때 함께 들어간 어린아
이의 원한 때문이라는 소문이 있었다. 전해지는 이야기일 뿐이지만
걸작을 만드는 데에는 큰 희생이 따를 것이라는 우리의 고정관념을
보여 주는 게 아닐까.

2007년 청룡영화제에서 많은 영화인들과 시청자들은 2부 행사
의 오프닝이었던 〈한국 영화의 꿈〉이라는 뮤지컬 공연을 보며 눈시
울을 붉혔다. 개그콘서트의 개그맨들과 가수 인순이, 배우 안성기가
합작한 이 공연은 어려운 여건 속에서도 고군분투하며 꿈을 위해 한
걸음씩 나아가는 영화인들의 이야기를 담담하게 풀어 냈다. 개그맨
들도 이번만큼은 웃음기를 지우고 조명감독, 촬영감독, 작가, 배우로
열연하며 무명 영화인들의 진정성을 표현했다.

나 또한 몰입한 나머지 인순이가 '저 차갑게 서 있는 운명이란

벽 앞에 당당히 마주칠 수 있어요'라고 열창하는 부분에서는 소름이 돋았다. 그녀의 노래가 끝나갈 무렵, 유명 영화인들이 등장해 힘든 상황에서도 꿈을 잃지 않고 노력하는 무명 영화인들 덕분에 한국 영화가 존재할 수 있었다며 고마움을 표했다. 노력하다 보면 언젠가는 빛을 볼 날이 올 것이라는 여운을 남겼다. '그래, 쥐구멍에도 볕 들 날이 있다는데 조금만 더 노력하면 매스컴의 조명을 받는 배우가 될 거야.' '나도 언젠가는 인터뷰도 하고 엔딩 크레디트에 내 이름이 당당하게 오르겠지.'

감동적인 공연에 많은 배우와 영화 관계자들의 눈이 촉촉하게 젖었다. 애써 눈을 치켜뜨며 웃음 짓는 여배우도 보였다. 그러나 가슴은 뜨거워졌을지 몰라도 현실은 여전히 차갑다. 이미 성공의 문턱을 넘어선 그들 대부분은 뚜렷한 직함도 없는 제작진의 고단한 삶의 무게를 공감하지 못하고 있음이 분명하다. 꿈을 잃지 말라는 말이, 조금만 더 노력하자는 말이 인생의 방향을 놓고 고민하는 이들에게는 날카로운 비수가 된다는 것도 모를 것이다. 어려운 상황에서도 꿈을 잃지 않았던 자신의 스토리가 후배들에게도 대물림되어야 할 전설이라고 믿기 때문일까? 그렇지 않고서야 어떻게 여기서 더 노력을 기대할 수 있다는 말인가?

영화진흥위원회, 전국영화산업노동조합, 한국영화제작가협회로 구성된 영화산업협력위원회가 발표한 〈2012년 영화 스태프 근로환

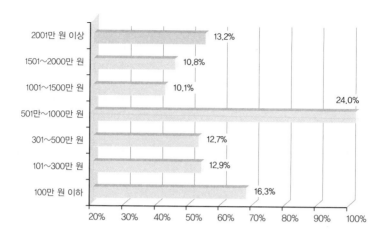

2001만 원 이상	13.2%
1501~2000만 원	10.8%
1001~1500만 원	10.1%
501만~1000만 원	24.0%
301~500만 원	12.7%
101~300만 원	12.9%
100만 원 이하	16.3%

*출처: 2012년 영화스태프 근로환경 실태 조사 (영화산업협력위원회)

2012년 영화 제작 참여에 따른 소득

경 실태 조사〉를 보면, 재부흥기를 맞은 한국영화의 성공에도 불구하고 제작진이 느끼는 상대적 박탈감은 더 커졌다는 것을 알 수 있다.[21] 이 조사에 따르면 최근 1년간 영화 제작 참여로 소득이 발생한 사람은 응답자 598명 중 417명으로, 이들의 연평균 소득은 1,107만 원에 불과했다. 500만 원 미만이 41.9%에 달했으며 100만 원도 벌지 못한 사람이 무려 16.3%나 됐다. 이들은 1주일에 5.45일, 하루에 13.9시간을 일했으니 주당 75시간을 일한 셈이다. 2012년 기준 최저임금은 월 95만 7,220원이었고 1인 가구 최저생계비는 55만 3,354원이었는데, 스태프 열 명 중 네 명이 뼈 빠지게 일하고 최저임금도 받지 못했다. 이들에게 한국 영화의 미래를 말하는 것이 과연 어떤 의미가 있을까. 당장 먹고 사는 게 걱정인 사람들에게 얼마나 더 노력하라고 어깨를 두드릴 텐가.

이런 폭력적인 수준의 처우에도 불구하고 초대형 블록버스터가 탄생하고 흥행 척도의 기준이 되는 전국 관객 300만 명 이상의 영화가 2012년에만 10편이 나왔다. 이들은 영화에 녹아 들어간 자신의 눈물을 어떻게 생각할까? 그 영화가 신기록을 경신하며 관객을 끌어모으면 자신의 노력이 인정받았다고 스스로를 위로할까?

청룡영화제가 한국 영화를 지탱해 온 숨은 주역들을 조명했지만 이들에 대한 처우는 전혀 바뀌지 않았다. 아름다운 공연은 가슴을 따뜻하게 해 줬지만 오히려 현실을 볼 수 있는 눈은 가려 버렸다. 공연은 경쟁, 싸움, 쟁취를 들먹이지 않았지만 그보다 더 혹독한 대응을 요구했다. 무의식중에 받아들이는 이런 메시지는 대안을 찾아볼 생각조차 못하게 한다. 끈기와 열정을 환상의 콤비로 칭송하며 될 때까지 노력해 보자고 우리를 독려하기 때문이다.

꿈은 필요하다. 힘들어도 꿈을 포기하지 않는 끈기는 더더욱 중요하다. 뚜렷한 목표와 그에 대한 갈망은 삶의 활력이 되어 수많은 일상을 생산한다. 나 또한 하기 싫은 일을 하면서 물질적 풍요를 누리는 것보다는 궁핍하더라도 가슴 뛰고 설레는 일을 하라고 말해 왔다. 우리 인류는 불가능에 도전하고 시련을 극복하면서 자신감과 보람을 맛보았고, 이것이 바로 성장의 밑거름이 되었기 때문이다.

그러나 무모한 모험을 권장해서는 안 된다. 그런 문화가 유행하는 것은 위험하다. 더군다나 꿈을 좇는 대가로 잃게 되는 것들을 당사자 스스로 고민하지 않는다면 삶은 후회로 가득 찰 것이 분명하다. 사회 또한 최소한의 인간적인 삶을 보장하거나 실패 후에도 일어설 수 있는 완충장치를 마련해 줘야 한다.

하지만 영화계의 토양은 점점 척박하게 말라가는 듯하다. 최근에는 배급과 상영 부문을 대기업이 독점하면서 영화 제작 부문은 이들 기업이 하청을 주는 형태로 전락해 버렸다. 2011년 말 기준으로 CJ, 롯데, 오리온(쇼박스) 등 3개 대기업이 배급의 82.6%, 상영의 86.9%를 점유했다. 영화가 관객 앞에 설 수 있는 기회를 좌우하는 자본가들이 투자까지 병행하고 있으니 영화 제작사들은 이들의 눈치를 보지 않을 수가 없다. 작품성보다는 상영관 확보를 통한 수익에 관심이 많은 대기업의 압력이 결국 제작 부문의 투자 위축으로 이어졌고, 한국영화의 편당 평균 제작비는 2004년 41.6억 원에서 2011년 15.3억 원으로 감소했다.[22] 제작 현장의 노동이 정상적인 대우를 받지 못하는 구조적 이유가 바로 여기에 존재한다.

이런 가운데 인기 배우들의 출연료는 딴 세상 이야기이다. 아무리 그들의 인기가 영화 수익을 좌우한다고 해도, 과연 배우와 제작진의 가치가 수백 배의 임금 격차를 불러올 만큼 다를지에 대해 의심을 지울 수 없다. 그러므로 인순이가 목청 높여 외쳤던 〈거위의 꿈〉이 무명 영화인에게는 잔인한 희망고문과 다르지 않다. 〈한국 영화의 꿈〉을 만든 사람들이 무명 영화인의 공정한 처우를 위해 얼마나 노력하는지는 알려지지 않았다. 그러나 결과만 놓고 봤을 때 그들의 이야기는 여전히 빈말에 불과해 보인다. 노력한 뒤 실패하더라도 절망하지 않고 기댈 수 있는 언덕이 없는 상태에서 더 노력하라, 꿈을 포기하지 말라는 주문은 공염불에 불과하다.

영화인의 산업 종사 기간은 평균 5.8년이다. 11년 이상의 경력자는 16.3%에 불과하고 55%는 5년 이내에 제작 현장을 떠난다. 종사자들의 긴 노동 시간과 낮은 임금이 주된 이유일 것이다. 그럼에도 불구하고 오히려 영화 산업 전체는 호황을 누리고 있다. 국제영화제에서 우리 작품이 수상을 하는 일도 이제는 그리 놀랍지 않다. 이 호황의 밑바탕에 5년을 주기로 다시 채워지는 무명 영화인들의 꿈과 노력이 숨어 있다면 억측일까.

피라미드와 상대평가

노력을 요구하고 강요하는 현상은 영화계뿐 아니라 사회 전반에서 이뤄지고 있다. 특히 직장에서 행해지는 노력 강요는 이루 말할 수가 없다. 여기서는 그 근간에 존재하는 피라미드식 조직구조와 상대평가가 만들어 낸 필연적인 행태를 살펴보고자 한다.

평가는 생각보다 훨씬 더 중요하다. '훨씬'이라는 말을 쓴 것은 평가가 일종의 이익과 연결되어서라기보다, 평가 이전의 상당 부분을 결정하기 때문이다. 즉, 평가는 평가의 결과보다 평가 전에 이뤄지는 과정에 더 큰 영향을 미친다. 평가가 어떠한가에 따라 그 평가를 받기 위한, 받아야 하는 거의 모든 과정이 정해진다고 해도 과언이 아니다. 수학능력시험을 예로 들어 보자. 어떤 과목이 수능에서 차지하는 비중은 곧 해당 과목의 수업시간을 결정한다. 수학은 매일 1시간씩 배정되지만 윤리 같은 선택과목은 1주일에 1시간 배정될지도 불확실하다.

이런 시간 배정은 학생들이 '최종 면접을 앞둔 취업 준비생이 곤경에 빠진 노인을 구해야 하는가, 아니면 면접장으로 가야 하는가'와 같은 중요한 문제를 진지하게 고민할 기회조차 막는다. 대부분의 사람들은 이런 문제를 고민하는 것이 미적분이나 수학 공식을 이해하는 것보다 더 중요하다고 확신한다. 그럼에도 불구하고 교육 현실은 전혀 다르게 돌아간다. 물론 교육과정을 설계하는 사람들은 현실에서 필요한 것을 기초로 과정을 먼저 구성한 다음, 그것을 평가할 수 있는 시험제도를 만든다고 변명할 것이다. 그러나 일정 시간이 흐른 뒤에는 평가가 현실을 반영하는지, 현실이 평가에 맞게 변하는지 모호해질 때가 많다.

또 이런 문제도 있다. 수학능력시험에서 한국사나 지리 과목이 필수냐 선택이냐에 따라 수험생들에게는 그 과목을 공부할지 안 할지 여부가 결정된다. 좀 더 넓게 바라보면 이는 해당 과목을 가르치는 교사들의 입지가 줄어드는 요인이 되며, 해당 과목 교사를 양성하는 사범대학의 학생 정원에도 영향을 미친다. 그로 인해 학생이 줄어들면 해당 학과의 교수들이 줄어드는 것은 당연하다. 관련 학회의 영향력도 줄어들면서 사회, 경제, 정치적 입김도 약해진다. 한국사나 지리가 아니라 수학, 영어 부문에서 일어나는 변화라면 어떻게 될까? 학원가는 물론 참고서 시장까지도 크게 바뀔 것이다. 이처럼 평가의 모습이 정해지면, 평가와 관련된 학생과 교사는 물론이고 이와 연결된 사회 여러 부분에서 변화가 나타날 수밖에 없다.

평가가 과정을 좌우하는 것은 산업현장에서도 마찬가지다. 영업사원에게는 실적이 곧 평가의 잣대이다. 얼마나 많은 계약을 성사시키느냐가 영업사원을 평가하는 전부라고 할 수 있으며, 이것이 영업사원의 일정과 일상, 연봉을 결정한다. 이들은 출퇴근이 비교적 자유롭지만 거래처 사람들과의 약속이 수시로 생기고 주말에도 골프 등의 접대와 모임이 잦다. 얼마나 열심히 노력하느냐는 중요하지 않다. 이들은 철저하게 결과로 평가받는다.

반면, 영업 지원 부문의 사원들, 예를 들면 재무부서나 인사부서의 사원들은 실적을 평가할 요소가 뚜렷하지 않다. 말 그대로 실적을 내는 부서에서 업무를 원활히 처리하게끔 지원하는 일이 대부분이라 큰 실수를 하지 않으면 눈에 띌 일도 없다. 획기적인 아이디어로 경영 비용을 절감한 것이 아니라면 실력이 돋보이는 일도 드물다. 그래서 이런 곳에서는 상사의 주관이 평가에 강하게 작용할 수밖에 없다. 궁여지책으로 공문 처리 수, 기안 횟수, 아이디어 반영 횟수, 행사 추진 실적 등을 기초로 객관성을 도모해 보지만, 불필요한 행정 부담만 증가하고 실효성은 떨어지는 게 현실이다.

대부분의 조직은 피라미드식이어서 퇴직과 승진, 채용이 빈번하게 일어난다. 또한 분야를 막론하고 승진 경쟁이 일어나는 곳이라면 상대평가가 이뤄진다. 인사의 문제는 결국 어떤 자리에 필요한 자격을 누가 충족하고 있느냐가 아니라, 누가 그 자리에 상대적으로 더 적합한가의 문제이기 때문이다. 게다가 승진이나 승급은 담당 업무가 변하는 데 그치지 않고 대부분 고용 기간, 연봉, 책임과 권한, 복지 혜택 등에도 변화를 미치기 때문에 우리는 우열을 가리는 것이 오히려 더 공정하다고 믿는다.

그런데 상대평가는 어디까지나 상사의 영역이다. 부하에 대한 그의 관점과 인식이 우열을 결정하는 절대적인 기준이다. 대부분의 조직은 평가 결과를 공개하지 않기 때문에 부하를 평가하는 상사의 권한은 더욱 힘을 얻는다. 상사는 유능하며 공정하게 평가할 것이라는 게 오늘날의 인사 시스템에 깔려 있는 기본 전제가 아닌가. 게다가 자신의 생각대로 부하를 평가하지 못한다면 어느 누가 상사의 자리에 오르려고 하겠는가. 상사로서 자신의 능력을 의심하거나 스스로 불공정하다고 생각하는 사람은 단 한 명도 없다.

문제는 부하에 대한 상사의 관점과 인식이 소위 충성도라고 불리는 지표에 집중된다는 것이다. 즉 성실한지, 노력하는지, 상사의 지시를 잘 따르는지, 조직의 가치와 목표를 지지하는지와 같은 세부 항목에서 좋은 인상을 줘야 한다는 말이다. 좋은 평가를 받기 위해서는 조직과 상사에 충성할 수밖에 없다.

물론 성실함 같은 요소는 대단히 중요하다. 고매한 성직자라고 해도 불성실한 사람들만 주변에 가득한 상황을 감내하기는 어려울 것이다. 자신의 일에 책임감 없이 '어떻게든 되겠지'라는 생각으로 임한다면 그 뒷감당은 결국 성실한 몇몇에게 집중되기 때문이다. 하물며 협력이 필요한 일이나 비 올 때 창문 닫는 일같이 누구의 일이라고 규정하기도 애매한 일상의 잡무들은 그들에게 기대할 수도 없다. 타인의 불성실이 누군가에는 울화통으로 다가간다.

그런데 정작 문제는 이런 요소들을 객관적으로 규정하는 게 쉽지 않다는 데 있다. 더욱이 측정하는 것은 더 어렵다. 바로 이것이 문제의 본질이다. 우리는 성실함이나 노력, 복종 등에 대한 깊은 고민 없이 이것들을 평가항목 중 하나로 선정하는 우를 범한다. 야근을 하지 않으면 건방진 것처럼 비춰질까 두렵고 꼭두새벽부터 업무를 시작해야만 성실한 것으로 평가받을 것이라는 그릇된 믿음은 바로 이런 평가 지표가 만들어낸 돌연변이 현상이다.

도대체 성실함과 노력, 끈기 따위는 무엇이며 어떤 태도, 자세, 행동이 이런 덕목에 포함될까? 결코 하나의 정답이 존재할 수 없는 질문이다. 그러나 우리는 그동안 이렇게 '단정하게' 살아 왔다. 부하라면 아침 일찍 출근하면서 저녁 늦게까지 사무실을 지켜야 한다. 윗사람 생각이면 일단 따라야 하고, 힘든 상황이 생기면 그때 다시 건의하는 것이 옳다. 회사 일에는 발 벗고 나서야 한다. 아무리 힘들어도 상사보다 힘든 부하는 없다. 열정이 모자라면 끈기를 사서라도, 그래도 부족하면 의욕을 빌려서라도 시킨 일은 다 해내야 한다. 윗사람이 필요하다면 언제든 편하게 연락하고 일을 시킬 수 있도록 불편한 내색을 해서는 안 된다. 심지어 주말이나 한밤중에 전화를 하더라도 해맑게 웃으며 안부를 물어야 한다.

승진을 위한 요인이 결정되면 어떻게 일해야 하는지도 정해진다. 충성스러운 직원만 정상을 밟을 수 있다면 충성 경쟁이 치열해질 뿐이다. 우리는 흔히 윗사람의 심기를 불편하게 하는 동료를 보며 "승진 포기했어?"라고 말한다. 또는 승진할 가능성이 없는 사람들이 야근을 거부한 뒤 가정을 챙기거나 자기계발에 심취하는 것을 목격하기도 한다. 이들은 보통 정시에 출퇴근해 주어진 일만 한다. 적어도 업무적인 면에서 새침하다고 치부하는 이들의 모습은 따지고 보면 지극히 정상적인 행동들이다. 그렇지 않은가?

성실함, 끈기, 노력 등은 훌륭한 태도이다. 그러나 이것들이 빈번한 야근이나 새벽 출근, 그림과 사진으로 꾸민 그럴싸한 보고서, 상사의 개인적인 관심사에 대한 가식적인 호감 같은 껍데기를 통해 평가된다면 알맹이는 모두 조직을 떠나고 말 것이다. 남겨진 자들은 끝없는 노력을 상납하며 굽실거릴 뿐이다.

강남은 절대 무너지지 않는다

'강남은 절대 무너지지 않습니다.' 꽤 오래 전, 강남 한복판에서 아파트를 지어 올리던 한 건설사가 분양 광고에 사용했던 문구이다. '뭘 그리 걱정하세요, 집값 절대 안 떨어져요.'라는 경박한 표현을 아주 우아하고 강남스럽게 바꿔놓은 듯했다.

그들의 바람 때문인지 강남은 여전히 뜨겁다. 무너지기는커

넝 콧대가 더 높아졌다. 오르내림이 있긴 했지만 언제나 아파트 시세의 최고가는 강남이었다. 한국감정원에 따르면 전국 아파트 분양권 및 입주권 중 가장 비싼 곳은 청담동 소재 아파트로 53억 원(273.88㎡/83평)을 상회했는데, 상위 아파트 10곳 중 성수동 3곳을 제외한 7곳이 모두 청담동과 논현동에 위치했다.[23]

강남의 아파트는 왜 비쌀까? 비슷한 아파트가 10배 이상 비싼 이유는 뭘까? 편리한 교통, 안전한 환경, 높은 교육 수준 등 이유가 많겠지만 쉽게 말하면 이런 이유들로 인해 많은 사람들이 강남 입성을 원하기 때문이다. 강남 전체에 100층짜리 아파트를 빼곡히 짓더라도 수요를 감당할 수 없으니 가격이 오를 수밖에 없다. 물론 쾌적한 환경을 위해서라도 아파트를 100층씩 지을 리는 만무하며, 용적률을 낮춰 대지면적당 인구수를 적절히 유지해야 한다. 콩나물시루를 만들어 놓고 수십억 원을 달라고 할 배짱 있는 건설사는 없다. 그렇게 된다면 강남이 무너질 수도 있기 때문이다. 결국 공급이 크게 증가할 일은 없어 보인다. 오히려 재건축 등의 소요가 발생하면 전체적인 공급은 줄어들 수도 있다.

반면 수요는 끊이지 않는다. 아무리 가격이 올라도 그 선을 노려 볼 만한 사람은 줄을 서 있기 때문이다. 교육부 자료에 따르면 2015년 서울대학교 신입생 3,261명 중 서울 출신이 1,306명으로 40%에 달했는데, 이 중 강남(강남, 서초, 송파구) 출신은 432명(33%)이었다.

서울대학교에 입학한 서울 학생의 1/3이 강남 출신이니 강남이 교육의 메카라고 불릴 만하다. 여러분이 자녀 교육에 열의가 있고 일류 대학을 보내는 것에 관심이 있는데 금전적으로 넉넉하다면 강남을 선택할 확률이 높아진다. 대한민국에는 이런 사람이 부지기수이다.

이들이 강남을 원하는 이유는 단순히 사교육 시장의 힘을 빌려 일류 대학의 졸업장을 얻게 하려는 생각도 있겠지만, 자식이 어릴 때부터 소위 잘 나가는 친구들과 어울리게 해 주려는 심리도 깔려 있다. 한마디로 한국사회를 움직이는 그들만의 리그에 입단시키려는 것이다.

강남이 무너지지 않는 이유는 바로 이 때문이다. 강남 지역의 주택 공급이 아무리 확대되어도 수요를 앞설 수는 없다. 강남으로 들어가려는 사람의 줄은 끝이 없다. 이들은 강남에 턱걸이로라도 입성하기 위해 엄청난 노력을 기울여 돈을 모은다. 그러나 자리는 정해져 있다. 다시 아파트 가격은 올라간다. 더 노력해서 돈을 모으지만 여전히 일부에게만 자리가 돌아간다. 수요가 줄지 않으니 아파트 가격은 또 오른다. 강남 입성에 실패한 사람들은 다시 노력한다. 이러한 과정은 끝없이 순환된다.

투박하게 쓰긴 했지만 강남이 무너지지 않는 논리는 단순하다. 많은 사람들이 강남이라는 리그에 끼고 싶어 하기 때문이다. 그리고 그 바탕에는 강남 입성에 실패한 수많은 사람들의 끝없는 노력이 자리하고 있다. 아무리 노력해도 모두가 강남에 살 수는 없는 일이다. 성공을 위한 합리적 판단이 결국에는 강남의 아파트 가격만 올린 꼴이 되었다.

기성세대가 무분별한 노력중독을 끊어 내야 하는 이유는 자명하다. 그렇지 않으면 이런 모습이 끝없이 반복될 것이기 때문이다. 그 누구도 강요하지 않았지만 우리 사회는 이미 강남을 갈망하게 만들었다. 지역마다 존재하는 저마다의 강남은 모두 같은 논리로 절대 무너지지 않는다.

내가 못나서, 내가 노력하지 않아 자식이 고생한다고 믿는 것이 부모의 마음이다. 모든 걸 다 줘도 더 주고 싶은 게 부모이다. 그 마음을 어찌 모르겠는가. 그러나 세상이 변했다. 머지않아 일류 대학 졸업장은 의미를 잃을 것이다. 서울대조차도 가르치는 것만 암기하는 비창조형 모범생을 길러 내고 있다는 지적이 끊이지 않는다. 대학의 지식은 여전히 과거에 머물러 있고, 곧 사라질지도 모르는 직업을 위한 기술을 가르치고 있다. 학벌과 학연으로 이어지는 네트워크는 종말을 고하고 있다. 수많은 SNS가 네트워크의 매개요인을 바꾸고 있다. 이제는 철학과 아이디어가 연결의 핵심이다. 어디에서 공부했느냐가 아니라 지금 무엇을 할 수 있느냐, 어떤 생각을 하느냐가 더 중요한 시대이다. 우리 아이들의 시대에는 강남에 사는 것의 의미가 달라질지도 모른다.

그러나 여전히 우리는 각자의 합리적 판단에 따라 더 좋은 곳으로 가기 위해 노력하고 있다. 미래는 미래일 뿐이다. 손에 잡히는 것은 당장 몇 년 뒤의 수능과 대입이다. 아직은 그 결과가 아이들의 미래를 상당 부분 좌우할 거라 믿기 때문이다. 그래서 강남은 절대 무너지지 않는다. 이 프레임에서 벗어나지 않는 한 우리는 더 노력할 수밖에 없다. 그럼에도 불구하고 대부분은 강남에 들어갈 수 없다.

메달 색깔이 달라진다니까

1999년 IMF 사태로 힘든 시절 이런 우스갯소리가 있었다. 생활고에 시달리는 아들이 실직한 아버지를 향해 "왜 아버지는 이건희처럼 재벌이 아니냐?"고 불평하자, 아버지가 아들에게 "그럼 넌 왜 박찬호처럼 야구 못하냐?"고 했다는 것이다.

한국인 최초로 미국 메이저리그에 진출한 박찬호 선수가 와인드업을 할 때마다 브라운관 앞에 모인 우리들은 숨을 죽였다. 이마까지 치켜 올린 두툼한 다리가 마운드에 다시 떨어질 때쯤, 그의 손끝을 떠난 강속구는 어김없이 포수의 글러브로 빨려 들어갔고 상대 타자는 허공에 대고 방망이를 휘둘렀다. 공이 빠른 만큼 홈런을 많이 맞기도 했지만 그의 활약은 팍팍하게 살아가는 국민들에게 큰 위로

가 되었다. 박찬호가 아들이 아니라서 안타깝다는 웃지 못할 농담이 나올 만큼 그의 인기는 하늘을 찔렀다.

골프에는 박세리 선수가 있었다. 그녀는 1998년 US오픈 대회에서 한국인 처음으로 메이저 대회 우승컵을 들어올렸다. 당시 그녀가 보여 준 맨발의 투혼은 지금도 선명하게 기억이 난다. 오랜 야외 훈련과 시합으로 까맣게 탔던 피부는 양말 속에 감춰진 그녀의 하얀 발을 더욱 돋보이게 해 줬다. IMF로 신음하던 국민들에게 그녀의 발은 희망의 상징이 되었다.

이 두 선수는 매스컴의 힘으로 전국적인 인기를 얻게 되었고 소위 박찬호 키즈, 박세리 키즈라는 다음 세대를 만들어 냈다. 많은 어린 선수들이 이들을 보며 미래의 꿈을 키웠고 지금은 류현진, 박인비 같은 선수들이 다시 그들의 뒤를 잇고 있다. 이들뿐 아니라 아시아 축구의 전설이 된 박지성 선수, 한국에서는 불가능하다고만 여겨 왔던 종목에서 세계 정상을 차지한 수영의 박태환이나 피겨의 김연아 선수를 보며 우리는 울고 웃었다. 같은 한국인이라는 이유만으로 우리는 그들이 땀과 눈물로 이루어 낸 성과를 거의 공짜로 만끽할 수 있었다.

어느덧 한국은 명실공히 스포츠강국으로 발돋움했다. 86 서울아시안게임, 88 서울올림픽, 2002 한일월드컵 등에서 개최국의 위상을 떨친 바 있고, 2008 베이징올림픽에서는 종합 7위에 오르는 기염을

토하기도 했다. 그 과정에서 수많은 스포츠 스타들이 탄생했고 그들의 이야기는 방송, 책, 기사로 쏟아져 나왔다. 덕분에 우리는 김연아 선수의 화려한 점프 뒤에 숨은 시련, 고통, 좌절을 알게 되었고, '산소탱크' 박지성 선수의 폭발적인 활동량이 평발을 극복한 엄청난 훈련의 결과임을 깨달았다. 갈라진 발톱에 딱딱한 굳은살이 박힌 그의 작은 발은 큰 화제를 모았다. 우리는 이제 단순한 금메달에 감동하지 않는다. 그 뒤에 숨겨진 땀과 눈물 등 선수들의 애환이 담긴 굴곡진 성공 스토리를 기대하게 되었다.

스포츠 스타는 남보다 조금 더 흘린 땀이 오늘의 영광을 안겨줬다고 말한다. 지도자들은 이를 신념처럼 떠받들며 더 노력해야 성공할 수 있다, 태극마크를 달 수 있다, 세계 정상에 오를 수 있다고 후배와 제자를 격려한다. 지금 흘리는 땀의 양이 메달의 색깔을 결정한다는 믿음은 엘리트 체육이 추구하는 성과주의 논리를 정당화시켜 왔다.

그러나 말콤 글래드웰이 《아웃라이어》에서 '고통을 즐기라고? 우리가 성공에 대해 알고 있는 것은 전부 틀렸다!'고 폭로한 것처럼 성공은 우연한 기회에서 시작되는 경우도 많다. 캐나다 하키 리그, 영국과 벨기에 축구 리그의 우수한 선수 중에는 생일이 빠른 선수가 매우 많다. 또래의 친구들에 비해 단순히 일찍 태어나 덩치가 조금 컸던 것이, 그로 인해 성공과 승리를 조금 더 경험했던 것이 선수로

커 가는 과정에서 결정적 기회로 작용했다는 말이다. 이런 현상을 사회학자 로버트 머턴은 '무릇 있는 자는 받아 풍족하게 되고 없는 자는 그 있는 것까지 빼앗기리라'는 마태복음의 구절을 인용해 '마태복음 효과'라 불렀다.[24]

게다가 우린 파란 하늘에 뜬 해만 봤을 뿐 그늘 진 곳에는 관심을 주지 않았다. 생활체육에 대한 기반 구축이나 지원 없이 엘리트 체육만을 지향해 온 우리 스포츠 역사를 보면, 세계 최고만을 원하는 기성세대의 탐욕이 선수들의 가혹한 현실을 외면한 채 노력만 강요하고 있음을 알 수 있다.

가장 큰 문제는 학교에 있다. 학생 선수들의 학습권 침해는 이미 오래 전부터 많은 연구자들이 지적해 왔지만 전국 단위의 조사는 이뤄지지도 못하고 있다. 한 연구에 따르면 모든 수업을 듣는 학생 선수의 비율이 중학교에서는 61.8%였으나 고등학교에서는 7.7%에 불과했다. 심지어 수업을 전혀 받지 않는 고등학생 선수도 13.4%에 이르렀다. 대회 준비 기간에는 중학생 선수의 32.8%, 고등학생 선수의 63.1%가 수업에 전혀 참석하지 않는 것으로 나타났다. 그럼에도 불구하고 수업 보충은 90% 이상이 받지 않았다.[25]

수업에 빠진 뒤에는 반드시 보충을 해 주고 성적이 일정 수준 이하로 떨어지면 시합 출전을 금지시키는 미국이나 일본과 비교해 보면, 우리는 선수들의 경기력 향상과 성적에만 목말라 그들에게 필요한 기본적인 소양을 간과하는 게 아닌지 의구심을 지울 수 없다. 국가대표는 일부만 될 수 있고 박지성이나 김연아 같은 스타가 될 확률은 더더욱 희박하다. 앞으로 두 번 다시 나오지 않을 수도 있다. 그럼에도 불구하고 이들에게 수업을 포기하며 운동만 하라고 강요할 수 있을까? 그것이 진정 선수를 위한 것인가, 아니면 소속 학교나 기관, 단체, 한국의 명예를 위한 것인가? 정말 그런 희생과 경쟁이 있어야 스포츠 스타가 탄생할 수 있을까?

경기력과 대회 수상기록만 앞세우는 사회에서 학생 선수들은 운동하는 기계로, 그리고 기강을 바로잡는다는 명목으로 행해지는 구타와 가혹행위의 피해자로 전락했다. 불합리하고 부당해도 출전, 입상, 대학 진학, 국가 대표 선발 등을 위해서는 참고 이겨 내야만 했다. 2015년 7월에는 검도부 선배들의 괴롭힘을 이기지 못한 청주의 한 고등학교 2학년 학생이 자살을 기도했으며,[26] 9월에는 대구의 한 고등학교에서 선배들의 구타와 가혹행위를 참다못한 1학년 선수가 경찰에 신고를 한 일도 있었다. 온몸을 청 테이프로 감고 생명에 위협을 느낄 정도의 구타를 당했다는 것이었다.[27] 두 학교의 관계자들은 운동부에서 장기적으로 내려온 병폐라고 입을 모아 말했다. 심지어 이런 일은 대학에서도, 프로구단에서도, 국가대표팀에서도 발생하고 있다.

우리는 감동적인 성공스토리 뒤에 숨겨진 이름 없는 선수들의 이야기를 모른다. 학습권이나 행복추구권 같은 기본적인 권리조차 보장받지 못하는 이들은 더 땀 흘려야만 성공할 수 있다는 사회의 메시지를 숙명처럼 받아들인다. 선수들은 모든 걸 내걸고 있지만 우리는 이것을 경쟁 시스템의 당연한 생리로 치부할 뿐이다.

더군다나 승부욕이 필요한 스포츠 아닌가. 땀 흘리는 것만으로는 부족하다. 우리 사회가 기대하는 것은 스포츠 스타의 성공 스토리이며 그들이 가져오는 금메달이다. 그러나 그런 영광은 극히 일부에게만 돌아간다. 경쟁에서 밀려난 선수들은 각자 도생해야만 하는 냉혹한 현실과 마주하게 된다. 이들이 또 얼마나 많은 땀을 흘려야 하는지 걱정해 주는 사람은 아무도 없다. 그러나 이들에게도 세상은 아름다워야 한다. 좋아해서 즐기려고 운동하는 사람이 없다면, 오직 성공을 위해서만 운동을 한다면, 우리 사회가 노력과 성공을 결부시켜 끝없는 노력을 강요한다면, 경쟁 끝에 얻게 되는 금메달과 스포츠 스타의 영향력에만 관심을 가진다면 체육계는 물론 한국의 미래도 어두울 수밖에 없다.

노력은
어떻게 병이 되는가

메르스보다 무서운 무분별노력증후군

2015년 5월, 메르스라는 생소한 전염병이 한국에 상륙한 뒤 국민들은 무려 218일 동안 불안에 떨어야 했다. 그러나 메르스가 종식된 지금 우리는 그보다 더 심각한 질병을 앓고 있다. 우려스러운 것은 그것이 큰 병이라는 걸 누구도 눈치 채지 못하고 있다는 것이다. 그 병은 바로 노력을 성공과 연결시키고, 성공을 위해 절대 포기하지 말고 끝까지 노력하라고 강요하는 우리 사회의 이기심, 즉 '무분별노력증후군'이다.

앞서 나는 노력과 성공을 결부시키고 끝없는 노력을 강요하는 사회의 단면들을 소개했다. 앞뒤 따지지 않고 조금만 더 노력하면 성공할 것이라는 믿음, 그리고 그런 믿음을 조장하며 끝없는 노력을 요구하는 사회 현상이 바로 '무분별노력증후군'이다. 한 번 감염되면 목표를 달성할 가능성이 매우 낮은 상황에서도 상당히 오랜 기간 노력을 기울이게 되며, 설사 목표를 달성하더라도 중요한 것들을 놓치는 부작용을 낳는다. 어쩌면 메르스보다 훨씬 더 많은 생명을 빼앗아 가고 종국에는 모두가 파멸할지도 모를 위험한 병이다.

우리는 뭔지도 모르는 성공을 위해, 왜 매달리는지도 불분명한 목표를 달성하기 위해 지금껏 쉬지 않고 달려 왔다. 그러나 OECD 회원국 중 자살률 1위, 성인 흡연율 1위, 노인 빈곤율 1위, 가계 부채 1위 같은 통계가 말해 주듯이 우리의 삶에서는 성공의 뒤통수조차 보이지 않는다. 오히려 '더 노력했어야지'라는 핀잔과 성공한 사람들의 노력 예찬이 '남은 생에도 노력이 답이다'라는 잘못된 메시지를 만들어 낼 뿐이다.

노력은 아름다운 가치이며 성장과 발전을 가져오지만 어떤 영감도 없이 아무 곳에나 혹은 가망 없는 일에 노력을 쏟아붓는 것은 오히려 시간과 에너지의 무의미한 소비로 이어진다. 성공이나 성취보다도 중요한 것이 바로 우리의 삶이 아니던가.

왜 우리가 노력에 집착하게 되었는지는 분명하지 않다. 마치 닭이 먼저냐 달걀이 먼저냐의 문제처럼, 노력에 대한 믿음이 노력을 강요하는 사회 현상을 낳았을 수도 있고, 이런 현상이 심화되면서 우리가 노력을 더욱 신뢰하게 되었는지도 모른다. 다만 노력에 대한 믿음이 여러 원인들에 의해 오랜 기간 축적되어 왔던 것만은 분명해 보인다.

우선, 인간의 변화 가능성에 대한 관점에서 그 근원을 찾을 수 있다. 오랜 기간 동양의 사고체계를 형성해 왔던 유학에서는, 인간은 불완전한 존재로 태어나지만 도를 이룬 사람들의 가르침을 따르고 스스로 부단히 노력하면 소인을 넘어 군자나 성인에 이를 수 있다고 믿었다. 그러므로 인간의 삶이란 궁극적인 상태를 향해 성장해 나가는 과정과 같다고 볼 수 있는데, 이때 개인의 능력보다는 노력이 더 큰 영향을 미친다고 믿어 왔다. 반면 서양에서는 인간을 하나의 완전체로 보고 그 안에 타인과 구별되는 독특한 내적 성향이 본래부터 존재한다고 믿었다. 그것을 찾고 개발해야 자기실현을 이룰 수 있다고 믿었으며 그런 관점에서 인간의 평등과 존엄을 논했다. 요약하면 오래 전부터 우리 한국인에게는 노력해서 성인이나 군자가 되는 것이 바람직하다는 믿음이 존재해 왔다. 소인배로 남지 않기 위한 노력은 당연한 것으로 여겨졌다.[28]

다음으로, 집단과의 조화를 이루려는 문화적 특성에서 그 원인을 찾을 수 있다. 한국인은 타인과의 관계를 중시하기 때문에 자신의 바람, 욕구, 감정 등을 표출하는 것을 꺼린다. 양보하고 배려하는 데 신경을 쓰다 보니 성공은 주변의 도움이나 행운 덕분으로, 실패는 자신의 불찰이나 노력 부족으로 돌리는 경향이 강해졌다.

성공과 자기계발의 유행도 한몫을 한 것으로 보인다. 미국식 자기계발이 유행하면서 성공에 이르는 법칙, 좋은 습관을 갖는 방법, 단숨에 상대방을 설득시키는 기술, 시간관리 기술, 유명인의 성공 스토리 등을 다룬 서적이 쏟아져 나왔다. 단순히 상상하는 것만으로도 꿈을 이룬다는 마법 같은 내용을 다룬 책들도 날개 달린 듯 팔렸다. 자기계발을 통한 성공은 숙명이 되었고, 성공하지 못한 사람들은 자기계발에 게을렀다는 오명을 쓰게 되었다. 단 몇 주 만에 몇 가지 기술만 익히면 성공은 따 놓은 당상이라는 말이니 어찌 노력을 기울이지 않을 수 있겠는가?

언더독에 대한 정서적 지지 또한 노력중독 현상에 영향을 미친 것으로 보인다. 약자에게 마음이 쏠리는 것은 인지상정이다. 약자가 갖은 노력을 다해 원하는 것을 얻어 내는 것과, 가진 자가 자본의 힘을 통해 원하는 것을 손에 넣는 것 중 어느 것에 더 환호할까? 우리가 골리앗이 아닌 다윗을 응원하는 것은 그가 약자라는 인식 때문이다. 보통 언더독의 승리 뒤에는 보다 많은 땀과 눈물이 숨어 있다.

노력의 지위를 공고히 한 마지막 요소로 온정주의를 들 수 있다. 우리의 역사는 결과보다 과정을 중시해 왔다. 냉정한 경쟁시스템이 도입되기 전까지, 우리는 결과가 다소 미흡하더라도 과정에서 보인 성실함을 높게 평가했다. 소위 됨됨이를 본 것이고 이런 문화는 지금도 남아 있다. 우리는 큰 탈이 나지 않는 범위에서는 숫자로 드러나는 객관적인 평가보다 평소 얼마나 성실하고 노력했는가를 평가하고 싶어 한다. 일장일단이 있지만 온정적인 평가 방식 또한 노력을 선호하게 된 하나의 원인이 되었다.

오랫동안 우리의 머리와 가슴에서는 무분별노력증후군이 자라왔다. 노력하면 변하고 성공할 수 있다는 신념, 성공을 결정하는 가장 큰 요소는 개인의 노력이라는 확신, 자기계발과 성공을 당위적으로 바라보는 인식, 노력하는 자에 대한 우호적 감정 등이 바로 그 병을 키워 왔던 것이다. 지금부터는 무분별노력증후군이 우리에게 어떤 폐해를 남기는지 구체적으로 살펴보려고 한다.

죄수의 딜레마와 이기심

공무원이 되기 위한 엄청난 경쟁률의 고시 전쟁, 교수 자리를 놓고 벌어지는 대학사회의 열정페이, 하늘의 별을 따기 위한 군인들의 끝없는 희생, 스스로 파이를 만들어야 하는 차가운 자영업의 현실은 모두 경쟁을 강요하는 현대사회의 단면이다. 이런 시스템에서는 '노력'이라는 아름다운 가치조차 소수에게서만 그 빛을 발한다. 대다수의 사람들은 아무리 노력해도 결코 원하는 것을 얻을 수 없다. 언제나 분모는 크고 분자는 작기 때문이다.

경쟁률은 수요(선발)와 공급(지원)에 따라 정해지기 때문에 적은 자리에 많은 사람이 몰리면 경쟁이 심해지는 건 당연하다. 조직마다 기준은 다를지라도 우열을 가리기 위한 줄 세우기 작업은 공통적으로 이뤄진다. 어떤 일을 탁월하게 해낼 능력이 있어도 자신보다 앞선 사람이 있으면 그 일은 내 일이 아니다.

이처럼 우리 사회에서 공정함이란 뭔가 하나라도 더 나은 사람에게 기회를 주는 것이다. 물론 그 과정은 투명해야 하며 참여한 사람들의 공감도 필요하다. 그러나 공정함의 기준을 조금 다르게 볼 필요도 있다. 단순히 우열만 가려내 더 뛰어난 사람에게 기회를 준다면 지원자들 간의 지나친 경쟁만 조장할 수도 있기 때문이다. 게다가 더 뛰어나다는 기준이 애매모호하기 때문에 많은 조직에서는 영어 점수나 인성 점수 같은 객관화된 점수를 사용하는데, 이것이 구체화될수록 우열을 가리는 기준과 실제 일할 자리에서 필요한 능력의 관련성은 떨어질 수도 있다. 대학 학점이나 영어 점수가 직무 능력과 어떤 연관성이 있는지 분명하게 설명할 수 있는가? 많은 경우에 이것들은 성실성을 평가하는 하나의 척도일 뿐이다.

목표를 성취하는 과정에서 가능성이 희박한 경쟁을 피할 수 없다면 노력하지 말고 즐기는 편이 차라리 낫다. 1%의 가능성을 보고

도전해야 한다는 말은 역사를 바꾼 위인들에게나 어울린다. 물론 절대 포기할 수 없는 목표라면 1%의 가능성을 보고도 도전해야 한다. 그러나 우리 모두가 역사를 바꾸는 일에 동참할 필요는 없다. 너무 뻔해서 하기 싫은 이야기이지만, 그래야 패자가 되었을 때에도 웃을 수 있고 다른 길을 찾을 수 있다. 죽을 만큼 사랑했지만 내 곁을 떠나간 첫사랑처럼 어쩌면 그 목표는 나와 맞지 않았던 것일 수도 있다. 패배 후 발견한 새로운 길에서 진정 나와 어울리는 일을 만날 가능성도 있다. 그러니 오직 하나의 목표에만 매몰되어 모 아니면 도라는 식으로 행동하는 것은 스스로를 갉아먹을 뿐이다. 열정과 용기만큼 의연함과 담담함도 필요하다.

반면 조직은 그런 사람을 환영한다. 아무리 힘든 상황에서도 끈기 있게 버티면서 조직을 위해 뭐든지 바칠 각오가 되어 있기 때문이다. 조직의 성장을 위해서는 꼭 필요한 존재들이다. 그러나 그것이 조직의 입장에서 과연 지속가능한 성장일까? 구성원의 착취를 통해 생명을 유지했던 조직이 오래도록 살아남을 수 있을까?

이 시점에서 우리는 죄수의 딜레마라는 유명한 게임을 상기할 필요가 있다. 이 게임의 참가자는 두 명이다. 참가자들은 협력과 배신이라는 두 가지 선택만 할 수 있는데 선택에 따른 경우의 수는 네 가지이다. 여기서는 각각의 경우에 따른 보상과 벌을 다음과 같이 규정하기로 한다. 먼저 두 참가자가 서로 협력하면 모두 3점을 받는다.

참가자 A \ 참가자 B	협력	배신
협력	A = 3점, B = 3점	A = 0점, B = 5점
배신	A = 5점, B = 0점	A, B = 1점

표. '죄수의 딜레마' 게임에서 선택에 따른 참가자별 보상

반면 한 참가자만 협력을 선택하고 다른 참가자가 배신을 할 경우 배신한 참가자에게는 5점, 협력한 참가자에게는 0점을 준다. 마지막으로 두 사람이 모두 배신할 경우 각각 1점을 얻는다.

당신이 만약 이 게임에 참여했다면 어떤 선택을 해야 높은 점수를 얻을 수 있을까? 당신을 참가자 A라고 했을 때, 상대방 B가 협력을 선택하는 경우를 가정해 보자. 이때 당신은 협력할 경우 3점, 배신할 경우 5점을 얻을 수 있다. 배신이라는 선택의 어감이 맘에 들진 않겠지만, 높은 점수를 얻기 위해서는 배신을 선택하는 것이 유리하다. 반대로 상대방이 배신을 선택할 경우 당신이 협력하면 0점, 함께 배신을 선택하면 1점을 얻는다. 이때도 당신이 배신을 선택할 경우 1점이라도 건질 수 있다.

네 가지 경우를 모두 살펴본 결과, 상대방의 선택과 관계없이 당신은 배신을 선택하는 것이 언제나 이득이다. 그런데 문제는 상대방도 같은 생각을 갖고 게임에 임하리라는 것이다. 상대방도 당신의

선택과 무관하게 배신이라는 카드를 내밀게 된다는 말이다. 이렇게 되면 상대가 누구냐에 관계없이 언제나 누구든 배신이라는 선택을 하게 된다. 이것이 바로 이 게임이 말하는 딜레마이다.

무분별노력증후군은 바로 죄수의 딜레마에서 엿볼 수 있는 개인의 이기심을 극대화시킨다. 조금만 노력하면 원하는 것을 얻을 수 있다고 믿는 상황에서 주변의 어려움에 관심을 쏟거나 선행을 베풀기는 어렵다. 오히려 거기에 들어갈 시간과 에너지를 목표 달성에 투자하는 것이 더 합리적이며 타당하다고 믿는다. 그렇게 우리는 점점 더 자신의 목표만 떠올리며 경쟁에서 이기는 방법에 몰두하게 된다. 그러나 목표를 추구하기 위한 끝없는 노력이 때로는 경쟁에 참여한 모두에게 이율배반적인 결과를 안겨 주기도 한다. 국방비는 증가하지만 누구도 더 안전하다고 느끼지 못하는 군비경쟁의 역설처럼, 끝없는 노력을 쏟는데도 오히려 원하는 상황과는 점점 거리가 멀어지는 것이다.

난 이런 모습이 구직 현장에서 가장 뚜렷하게 나타난다고 본다. 실제 직무와는 무관한 소위 스펙이라는 것들이 선발의 잣대가 되면서 취업을 위해서는 막대한 자본과 시간을 투자해야 하는 상황이 되었다. 대학 4년도 모자라 컨설팅까지 받아야 하는 실정이라니. 결국 개인의 경쟁력을 강화한다는 합리적 선택이 취업의 문턱만 더욱 높여 놓은 꼴이 되어 버렸다. 더 비극적인 사실은, 높아진 문턱이 그 조직의 경쟁력으로 이어지지 않는다는 것이다.

물론 이 현상에는 대기업이 경제의 열매를 독식하는 사회구조적인 문제, 인구 감소와 고령화에 따른 인구통계학적인 문제 등이 큰 영향을 미친다. 그러나 그렇기 때문에 우리는 이 문제를 직시하고 오히려 개인의 경쟁을 강요하는, 자신의 노력을 신봉하는 태도를 경계해야 한다. 군비경쟁에 지친 강대국들이 핵무기를 줄이기로 합의했던 것처럼 우리도 협력과 화합을 도모해야 한다.

포기하지 않고 끈기를 발휘하는 태도는 늘 좋은 평가를 받아 왔다. 그러나 우리가 무분별하게 기울였던 그 노력이 이제는 오히려 독이 되어 돌아온다는 것을 받아들여야 한다. 무분별노력증후군은 주변에 대한 나의 관심을 차단하고 이기심을 키워 경쟁의 비용만 더 키운다.

비용 제로의 시대

경제학의 아버지 애덤 스미스가 말한 '보이지 않는 손'의 작동 절차는 다음과 같다. 빵의 공급이 충분하지 않을 때에는 수요가 공급을 초과한다. 빵을 사려는 사람이 많아지면서 부족한 빵에 대한 가격이 상승하게 되고 이로 인해 빵 생산자의 이윤은 증가된다. 이는 빵의 생산을 촉진시키고, 빵의 공급이 많아지면서 생산자의 이윤은 감소하고 결국 다른 제품에서 얻는 이윤만큼만 얻을 수 있게 된다. 반대의 경우, 즉 빵의 공급이 수요를 초과하는 상황에서도 결과는 같다. 애덤 스미스는 이상적인 자유시장 모형에서는 생산자들이 경쟁을 통해 소비자들이 원하는 만큼의 제품만 생산하게 된다고 주장했다. 또한 생산자 간의 경쟁이 가격은 떨어뜨리고 품질은 높여 주는 효과를 가져와 소비자에게 이익이 된다고 했다. 이런 경쟁은 결국 거의 비용을 들이지 않고 제품을 생산하는 단계('비용 제로')에 이르게 된다. 그만큼 소비자 입장에서는 이득이다.

물론 그의 주장은 이상적인 상황, 즉 모든 시장 참가자가 완전한 시장 정보와 제품 지식을 갖고 있으며, 개별 시장 참가자가 시장에 미치는 영향력은 미미하고, 누구나 시장에 자유롭게 참여할 수 있어야 실현될 수 있다. 그렇지 않을 경우 흔히 말하는 시장실패가 일어난다.

오늘날 노동시장에서의 시장실패는 더 이상 신기할 것도 없다. 우리나라만의 문제가 아니다. 전 세계적인 실업률 고공행진은 진정될 기미가 보이지 않는다. 노동시장의 세계화가 진행되면서 값싼 인력을 찾아 생산시설이 대거 이동하기 시작했고, 이제는 기계마저 사람의 일자리를 빼앗고 있는 실정이다. 이는 복잡하고 구조적인 만큼 해결이 쉽지 않은 문제이다. 그러나 이런 시장실패의 본질을 따져 보면 결국 '일할 사람보다 일자리가 적다'는 데 문제의 원인이 있다. 노동력의 공급량이 사용자의 수요를 초과하는 이런 현실에서 일자리를 찾는 노동력에 대한 보상은 '보이지 않는 손'에 의해 점점 떨어지고 있다.

사용자의 갑질은 도를 넘어서고 있다. 아무리 홀대하고 낮은 가격을 불러도 올 사람은 많다는 입장이다. 인턴 제도가 대표적이다. 예전에는 직원이 회사의 일을 잘할 수 있도록 가르치고, 실수를 회복하고 기다려 주는 데 드는 비용을 당연한 투자라 생각했는데, 이제는 이를 개인 차원에서 준비하고 대학이 지원해야 할 몫이라 여긴다. 그 결과, 능력을 검증한다는 명목으로 채용 직원의 3배수 정도를 선발해 6개월가량의 인턴 기간을 두고 충성 경쟁을 시키는 일이 생겼다. 인턴 직원들은 이 기간의 성과에 따라 정식 채용 여부가 결정되니 온몸을 불사를 수밖에 없다. 기업에 따라서는 채용에서 인턴 경력을 유리하게 평가한다며 사실상 채용과 무관하게 인턴 제도를 운영하기도 한다. 방학 기간을 이용해 인턴 경력을 쌓으려는 대학생들은 거의 무급에 가까운 급여를 받으면서도 직원처럼 일한다. 이제 인턴 경력은 정규직 채용을 위한 9대 스펙(학벌, 학점, 토익, 어학연수, 공모전 입상, 인턴 경력, 봉사활동, 자격증, 성형수술)에도 이름을 올린, 울면서도 먹어야만 하는 겨자가 되었다.

그러나 이런 말도 안 되는 노동력 착취와 공갈 사기의 최종 모습을 떠올려 보면, 값싼 비용으로 뜨거운 열정을 활용하는 것이 기업의 경영전략이라고, 경쟁사회의 자연스러운 단면이라고, 값싸고 좋은 제품을 제공하기 위한 과정이라고 감히 주장할 수 없을 것이다. 결국 기업은 '비용 제로'를 달성하기 위해 이런 인턴 제도를 적극 활용하기 때문이다. 어쩌면 인턴 사원들로만 이뤄진 기업이 생산하는 제품을 사용할 날도 머지않아 보인다. 2015년, 고용노동부가 호텔·리조트, 패션, 헤어, 제과·제빵 등 인턴을 다수 고용한 사업장 151곳(호텔 44곳, 패션업종 23곳, 미용실 19곳, 제과·제빵 사업장 8곳)을 선정해 노동법 위반 여부를 점검한 결과, 103곳에서 위법 사실이 확인되었다.[29]

최저임금법 위반 사업장은 45곳으로(1,041명) 차액이 무려 11억 원에 달했고, 주휴·연장 수당 미지급은 50곳(1,090명)으로 금액은 3억 8천 9백만 원, 연차 미사용 수당을 지급하지 않은 곳은 32곳(785명)으로 금액은 1억 3천 6백만 원에 달했다. 심지어 한 패션 업체는 내부 직원의 결원에 따른 공석에 인턴을 채용한 뒤 3개월간 단돈 50만 원만 지급했다. 호텔 한 곳은 상시 근로자의 70%를 인턴으로 채용하고 있었는데 근로계약서를 작성하지 않았고, 격무에도 불구하고 월 30만 원만 지급했다. 이를 두고도 경영의 묘미나 경쟁의 자연스러운 모습이라고 할 수 있을까? 이런 식으로 비용을 아끼는데도 서비스의 질이 더 높아지거나 요금이 낮아지지 않는 이유는 뭘까?

대기업도 마찬가지다. 대통령 직속 청년위원회에 따르면 200대기업의 인턴 채용 공고 167건 중 76%에 달하는 127건에 임금이 명시되어 있지 않았다. 이뿐 아니라 정규직 채용과 관련이 있는지, 어떤 직무를 배정받는지도 밝히지 않았다. 실제로 국내 모 대기업의 디자인 관련 직군에서 인턴으로 근무한 한 남성이 주말까지 반납하며 하루 9시간을 일한 대가로 받은 '소정의 활동비'는 30만 원에 불과했다. 출퇴근 차비로도 부족한 급여에 항의를 했지만 회사에서는 채용 공고에 명시된 '소정'만큼 지급했으니 문제 될 게 없다는 입장이었다.[30] 사정이 이렇다 보니 인턴 제도가 '인간을 턴다'는 뜻이라는 슬픈 말장난도 나오는 것이다.

우린 저마다의 합리적 판단에 따라 최선의 노력을 기울여 채용이 되길 바란다. 그러나 그럴수록 채용의 문턱만 높아지고 있다. 9대 스펙을 쌓고도 모자라 영혼까지 팔 준비를 마쳤지만 상황이 나아질 기미는 안 보인다. 우리가 노력하면 할수록 스펙의 종류는 점점 늘어만 가는 모순된 상황이다. 그런데도 여기서 더 노력하면 일자리를 얻을 수 있을까? 오히려 그럴수록 열정페이만 횡행하지 않을까? 기업들은 노동시장의 수요와 공급을 정확히 파악하고 비용 제로의 시대를 준비하고 있는 게 아닐까?

노동력 공급자들이 무분별노력증후군에 걸린 오늘날, 우리는 비용 제로 사회를 향해 치닫고 있다. 노동력을 사야 하는 기업은 이를 악용해 너무나 싼 값에 노동력을 사용하고 있다. 아니, 불합리하고 비인간적인 대가를 제공하며 착취하고 있다. 인건비를 거의 들이지 않고도 생산과 영업을 할 수 있으니 얼마나 좋은가. 그런데 제품이나 서비스의 요금은 크게 떨어지지 않는다. 애덤 스미스가 말한 완전경쟁시장의 조건이 갖춰지지 않아서일까? 노동시장의 사용자들은 값싼 노동력을 맘껏 사용하고도 제대로 된 비용을 치르지 않는다. 노동은 생산 수단의 한 요소이기 이전에 인간의 고결한 가치임을 잊어서는 안 된다.

상처뿐인 영광

'안 되면 되게 하라.' 군대를 다녀온 사람이라면 유격장 한 편에 세워진 비석을 기억할 것이다. 마치 약속이라도 한 듯 거의 모든 유격장에는 이 문구가 새겨진 비석이 있다. 공수훈련장의 '안 되면 될 때까지'라는 구호는 이보다 더 무섭다. 뉴욕 양키스의 전설적인 포수, 요기 베라 (Yogi Berra)가 '끝날 때까지 끝난 게 아니다 (It ain't over till it's over).'라고 말한 것처럼 '될 때'까지 끝나지 않기 때문이다.

끝이 없다는 것은 암울하다. 월화수목금금금. 휴일 없는 직장생활을 생각해 보라. 12월 달력을 넘겼는데 13월, 14월이 이어진다면 어떨까? 끝이 있어야 새로운 시작도 있는 법이다. 늘 주어지는 것이라 인식하지 못했지만 시작과 끝이 있다는 건 축복이고 감사한 일이다. 그런데 될 때까지 한다는 것은 한 번 정한 목표를 달성할 때까지 다른 모든 것을 포기한다는 말이다. 누군가에게는 그 포기하는 것이 청춘이고, 또 다른 누군가에게는 가족, 건강, 인간관계, 가슴에 숨겨 둔 꿈 등이 된다. 무분별노력증후군은 에너지와 시간을 오직 목표에만 소비하도록 강요함으로써 삶의 다른 소중한 가치를 놓치게 만든다. 목표를 달성하더라도 남는 것은 상처뿐인 영광이다.

목표에 이미 많은 노력과 시간을 쏟은 상황이라면, 혹은 상당한 상처를 입고 좌절을 경험했다면 목표에 더욱 집착하게 된다. 그리고 그 집착은 이미 투입된 노력과 시간 같은 '과거의 비용'을 '미래의 이익'에서 보상받아야 한다고 우리를 설득한다. 앞에서 살펴본 것처럼 교수나 법조인, 장군과 같은 목표는 과거의 비용을 충분히 보상해 줄 만큼 매력적으로 보인다. 그러나 '과거의 비용'이 얼마나 쌓일 때까지 버틸지는 스스로에게 물어봐야 한다.

막대한 개발 비용이 든 탓에 적자를 감수하면서도 콩코드 여객기의 운행을 지속했던 영국과 프랑스의 정치인들, 승리가 힘들다는 사실을 알면서도 이미 써 버린 막대한 자금과 사상자들의 희생을 헛되지 않게 하려고 수많은 군인을 계속해서 베트남에 보냈던 1970년대 미국의 정치인들은 과거의 손실을 미래의 이익에서 되찾을 수 있다고 믿었다. 그러나 오늘날 콩코드 여객기와 베트남전은 이른바 '매몰비용의 오류'라는 경제학 용어를 설명하기 위해 단골로 등장하는 사례가 되어 버렸다. 회수할 수 없는 매몰비용이 현재의 합리적 판단을 방해할 때, 잘못된 행동임이 비교적 분명한데도 그 행동을 고수할 때 이를 매몰비용의 오류에 빠졌다고 말한다.

무분별노력증후군은 매몰비용의 오류보다 더 강력하다. 과거의 비용이 아깝다는 생각뿐 아니라 노력 외에는 방법이 없다는 믿음을 만들어 내기 때문이다. 그리고 어떻게 해서라도 목표만 달성하면 인생이 달라질 것이라는 환상을 품게 한다. 결국 목표를 손에서 놓지 못한 채, 값진 다른 경험을 외면하고 지금이 아니면 만날 수 없는 사람들을 떠나보내고 만다.

그런 면에서 무분별노력증후군은 '보이지 않는 고릴라' 실험과 닮았다. 하버드 대학교의 크리스토퍼 차브리스와 일리노이 대학교의 대니얼 사이먼스가 설계한 1999년의 이 실험 영상은 이렇게 시작한다. '선택적 주의 실험(Selective Attention Test)', '흰 옷을 입은 선수들이 농구공을 몇 번 패스하는지 세시오.' 두 메시지가 사라진 뒤, 흰 옷을 입은 선수 3명과 검은 옷을 입은 선수 3명이 서로 자리를 복잡하게 바꿔 가며 약 25초 동안 농구공을 주고받는다. 그런 다음 몇 번을 패스했는지 묻고 곧이어 15번이라고 답을 알려 준다. 그런데 갑자기 '고릴라를 봤습니까?'라고 묻는다. 웬 고릴라? 하지만 차브리스와 사이먼스는 앞의 영상을 다시 돌려 무려 9초 동안 고릴라가 등장했다가 다시 사라지는 걸 확인시켜 준다. 어떻게 그 크고 검은 고릴라를 못 볼 수가 있을까?

이 영상을 본 사람 중 절반 정도는 고릴라를 보지 못한 것으로 나타났다. 심지어 서로 다른 2개의 동영상으로 장난을 친다며 화를 내는 사람도 있었다고 한다. 이에 대해 차브리스와 사이먼스는 "어느 하나에 주의를 기울이면 다른 것에는 주의를 덜 기울이게 된다. 이런 현상은 주의력과 인식이 정상적으로 작동하면서 생길 수밖에 없는 산물이다."라고 말했다.[31]

우리가 가진 시간, 노력, 열정, 관심 또한 마찬가지라고 생각한다. 모든 일에 이것들을 골고루 쏟아 붓는 것은 불가능하다. 그래서 우리는 늘 우선순위를 따지며 시간을 관리하고 자원을 적절히 배분해야 한다. 사실 우리가 깊게 고민하는 대부분의 일은 언제 시작해서 얼마나 많은 에너지를 투입하고 언제까지 어떤 결과를 만들어 낼지에 관한 것이다. 시간을 비롯한 거의 모든 자원은 한정되어 있기 때문이다.

그러나 무분별노력증후군에 빠지면 이런 논리회로가 손상된다. 인생에서 무엇이 소중한지 잊게 된다. 무엇이 본질이고 핵심이 어디에 있는지 혼동한다. 목표를 달성하면 현재의 희생을 모두 보상받을 거라고 착각한다. 당연하게 생각했던 지금의 짧은 희생이 길어지면 길어질수록 목표에 더 집착하게 된다. 그래서 성공이라는 작은 목표에 천착하느라 삶이라는 거대한 고릴라가 지나가는 것도 보지 못하게 된다.

교육이 답이다

교육은 성장을 촉진하는 아름다운 활동이다. 누군가에게 무엇을 가르쳐 본 사람은 알 것이다. 그것이 얼마나 큰 기쁨과 즐거움을 주는지. 단순한 지식의 전이가 아니라 생각하는 능력과 방법이 달라지고 그 전까지 보지 못하던 현상의 이면을 보는 학생의 발전은 말로 설명하기 어려운 감동을 준다.

가르치는 사람도 성장한다. 무엇을 어떻게 가르칠지 준비하면서 성장하고, 가르치는 과정에서 한 번, 그리고 교육이 끝난 뒤 그 과정을 성찰하면서 또 한 번 배우게 된다. 따라서 무엇을 제대로 알고 있는지 분명히 알려면 그것을 누군가에게 가르쳐 보는 게 좋다. 아무리 많이 준비해도 잘못 알고 있었거나 더 알아야 하는 것 등이 식은 땀처럼 등줄기를 스쳐 지나가게 된다. 그것을 다시 채워야 진정한 앎에 다가갈 수 있다. 끝없이 이런 과정을 반복한 뒤에야 남들보다는 조금 더 안다고 감히 말할 수 있을 것이다. 이것은 단순히 지식을 습득하는 게 아니라 지혜가 깊어지는 깨달음에 관한 것이다.

그러나 한국에서 교육이란 단어는 성장이나 깨달음과는 거리가 멀다. 오히려 좋은 직장을 잡아 많은 돈을 벌기 위한 수단으로 전락했다. 경제적 풍요로움이 나쁜 것은 아니나, 성적, 일류 대학, 대기업, 고액 연봉, 전문직, 산학연계 같은 요소들과만 결부시켜 교육을 재단하고 있기에 교육을 통해 인간의 성장을 도모하는 일은 이제 요원한 일이 되었다.

실제 우리 사회에서는 대학을 가지 않으면 뭔가 문제가 있다고 본다. 고등학교 졸업생 열 명 중 일곱 명이 대학생이 되지만 그렇다고 대학생이 되지 않은 나머지 세 명이 20년이란 인생을 잘못 살아온 것이 아닌데도 말이다. 그들 중에는 불합리한 사회구조를 개혁하려는 모험가가 있을지도 모른다.

그러나 현실에서 고교 졸업자에 대한 대우는 냉담하다. 이들이 첫 직장을 구하는 데에는 평균 14개월이 걸린다. 전문대졸 이상의 학력자가 8개월 걸리는 것과 비교하면 상당히 긴 기간이다. 시간당 임금도 고졸 노동자는 5,665원인 반면 전문대졸 이상 노동자는 7,603원이었다. 4년제 대학졸업자로 한정하면 8,728원으로 늘어난다. 한 달에 160시간을 일한다고 했을 때 고졸자는 90만 원, 대졸자는 140만 원을 받는 셈이다.[32] 모든 일자리에 대학 졸업장이 필요한 것은 아니다. 절반가량은 몇 개월의 직무교육만으로도 충분하다. 그럼에도 불구하고 우리 사회에서는 너무 많은 사람들이 고등교육을 받고 있다.

국가 경쟁력에서 우리나라를 크게 앞서는 독일, 프랑스, 영국의 대학 진학률이 50%정도에 불과하다는 사실은 우리 사회의 고학력 풍토에 의문을 품게 한다.

하지만 잘못된 사회구조를 탓할지언정, 그 구조를 바꾸기 위한 희생으로 자기 자식을 선택할 부모는 없다. 바로 이것이 모두들 자녀 교육에 목숨을 거는 이유이다. 대학 문턱은 밟게 해 주는 게 부모의 역할이라고 믿기 때문이다. 이왕이면 좋은 대학에 들어가도록 없는 살림이라도 끌어다가 뒷바라지를 해야 한다고 생각한다. 집을 줄여서라도 강남에 들어가고, 빚을 내서라도 과외를 시켜야 한다.

부모들은 인식하지 못하지만 이런 심리에는 노력에 대한 믿음이 깔려 있다. 아이가 조금 더 비싼 과외를 받으면, 잠을 조금 덜 자고 수학 문제를 풀면, 학군 좋은 곳에서 공부 잘하는 아이들과 어울리면, 방학 때는 해외로 어학연수를 가면 좋은 성적을 받아 이름 있는 대학에 갈 것이라 믿는다.

공부라는 것이 워드프로세서처럼 입력한 대로 출력되지 않지만 대학수학능력시험과 우수 대학의 전형 방식을 정확하게 분석한 사교육 시장은 이것을 가능하게 만들었다. 그 결과 부모의 사회경제적 지위가 자녀의 대학 진학과 깊은 관계가 있다는 언론의 비판이 쏟아지게 되었다. 하지만 기성세대는 이런 계급 대물림을 깨뜨리려 하지 않고 그런 알고리즘을 신봉하며 너도나도 교육에 중독되어 가고 있다.

길거리에 나앉아도 절대 아이들의 교육은 포기할 수 없다는 말은 더 이상 교육에 대한 믿음과 열정이 아니다. 철학과 가치관을 정립하고, 약자를 배려하고, 불의를 보면 가슴 떨 줄 알며, 혼자 잘사는 인간이 아닌 함께 잘사는 사람으로 키우려는 게 아니기 때문이다. 그것은 어디까지나 자식들에게 돈 많이 버는 직업, 권력을 휘두를 수 있는 자리를 안겨 주겠다는 부모의 그릇된 욕망에 불과하다.

모든 사람들이 이 알고리즘에 들어와 있기 때문에 이 문제를 풀기는 쉽지 않다. 직업에 귀천이 없다는 것이 경제적인 부분에서 먼저 입증되는 것이 출발이라고 생각한다. 지식근로자를 우대하는 것도 좋지만 육체노동에 대한 인식 개선과 인건비 산정도 달라져야 할 것이다. 세금과 복지의 관점에서 접근하는 것도 한 방법이다. 소득 격차가 극심한 사회에서는 더 많이 버는 직업에 사람이 몰리기 마련이며 이는 다시 자녀 교육의 문제로 이어진다. 직업에 대한 인식이 바뀌는 것도 일단 소득 격차부터 줄어들고 난 뒤 어느 정도 시간이 지나서야 가능할 것이다.

안타깝게도 현실 속 우리의 대부분은 패잔병이다. 가정 경제에 주는 부담을 감수하면서 10년 이상을 자녀 교육에 투자하지만 소위 '승자'는 10%에 불과하기 때문이다. 아이들의 잠재력과 재능을 찾기 위해 다양한 기회를 제공하는 것은 바람직하지만 성적 향상과 대학 입학이라는 목표에만 맞춰진 교육에서는 아무리 노력해도 모두가 빛을 볼 수는 없다.

이처럼 무분별노력증후군은 기성세대로 하여금 그릇된 교육에
집착하게 만든다. 자식이 성공하지 못하는 것을 부모의 부족함 때문
이라 믿게 한다. 자식이 거부하고 따라오지 않아도 기어코 물가에 데
려다 놓는다. 심지어 마시지 않겠다는 물도 입에 떠 넣어 버린다. 마
시지 않고 뱉어 내는 데도 또 다른 개울을 찾는다. 이것이 과연 병이
아니고 무엇인가.

건강을 담보로 하는 악마와의 거래

"저녁이 있는 삶"이라는 구호가 반향을 일으키고 있다. 성공회대 조효
제 교수는 "천편일률적이고 진부하고 엄숙주의에다 도덕주의로 범벅
이 되곤 했던 정치 구호가 비로소 인간의 숨결을 찾은 듯하다. 직관적
으로 가슴에 와 닿으면서 시적인 울림이 있는, 독특한 발상이다."라며
"적어도 경제, 복지 이슈만 놓고 보면 이번 대선은 '저녁이 없는 삶'이
냐 '저녁이 있는 삶'이냐의 구도로 진행될 가능성도 적지 않다."고 내
다봤다—「한국일보」 2012/06/27.

또한 한 일간지 칼럼은 "그저 그런 이미지의 정치인이었는데 '저녁
이 있는 삶'은 애잔하다 못해 적어도 그가 어떤 정치인인지 구글링

하게 만들었다."라는 세간의 반응을 전달하기도 했다 「경향신문」 2012/06/28.

한겨레 백기철 논설위원도 이렇게 썼다. "저녁이 있는 삶이란 말을 했을 때 대번에 그 말뜻을 알아들었다. 아, 내가 저녁에 때때로 안양천변을 여유롭게 걸을 수 있는 삶을 말하는구나. 이렇게 말이다. 저녁이 있는 삶이 별건가. 단출한 저녁식사 뒤 부부가 손잡고 동네 공원을 거닐거나, 아이들과 함께 자전거 타거나 배드민턴 치는 것, 동네 호프에서 이웃과 가볍게 맥주 한잔 하는 것 등이 아니겠는가"—「한겨레」 2012/06/26.

2012년 6월, 손학규 당시 민주통합당 상임고문은 제18대 대통령 선거 출마를 선언하고 국민들에게 '저녁이 있는 삶'을 보장하겠다며 출마의 변을 밝혔다. 위의 글은 노동, 교육, 의료, 복지 등에 관한 그의 생각을 집약한 책《저녁이 있는 삶》에 대한 출판사의 서평 중 일부이다. 출판사가 언급한 것처럼 당시 국민들은 피부에 와 닿는 현실적인 구호가 등장했다며 그의 생각을 반겼다.

가족과 함께 저녁을 먹고, 편한 옷으로 집 주변을 산책하는 것이 우리 사회에서는 왜 욕심으로 비춰질까? '저녁'이란 우리 모두가 너무나 당연하게 누려야 할 일상이고 누구나 그런 삶을 원하는데도 말이다. 그러나 신자유주의에 마쳐된 우리 사회는 스스로에게 저녁을 허락하지 않았다. '저녁이 있는 삶'을 외치던 손학규 상임고문은 민주통합당 경선에서 고배를 마셨다.

한 유력 야권 인사의 '저녁이 있는 삶'이 무산될 무렵, 나는 강원도 홍천에서 18개월의 중대장 임무를 마치고 가족과 상봉했다. 그동안 우리 가족에게는 저녁이 없었다. 인천에 있던 아내는 큰 아이를 혼자 키우며 직장생활을 했고 대학원도 마쳤다. 아내와 아들 모두에게 힘들었을 그 시간을 생각하면 미안함뿐이다.

군에서는 '저녁이 있는 삶'을 원하면 '전역(轉役)이 있는 삶'을 선택하라는 말이 있다. 군복을 벗기 전에는 저녁을 누릴 수 없다는 말이다. 전방이나 해안 같은 접경지역은 물론이고 저녁을 즐길 수 있는 후방지역에 와서도 저녁 대신 일을 찾는 군인들이 많다. 아마도 부대가 외진 곳에 많다 보니 문화생활을 즐기기 어렵고 일 말고는 딱히 할 게 없기 때문일 것이다. 그러다 보니 퇴근 후에도 사무실에 남아 있거나 저녁만 먹고 다시 사무실로 돌아오는 일은 전혀 이상할 것이 없었다. 지금이야 생각이 달라졌지만 '집에 가도 할 거 없잖아'라는 말은 군인으로서 딱히 반박하기 어려운 말이었다.

게다가 잦은 이사는 자녀 교육에 안 좋기 때문에 보통 아이들이 초등학교에 입학하면 가족들은 대전이나 서울 등지에 정착하고 당사자만 옮겨 다니는 경우가 많다. 일반 회사로 따지자면 과장이나 부장급인데, 이들은 부대에 더욱 집중하게 되며 이로 인한 관심은 때와 장소를 가리지 않고 새로운 일거리로 이어진다. 이처럼 부대를 사랑하는 상사들이 많다 보니 부하들의 저녁은 물론이고 주말, 심지어 건강까지 담보하는 과중한 업무가 끊이지 않는다. 퇴근 무렵에 지시하면서 다음날 오전까지 결과를 보고하라거나, 금요일 오후에 논의된 일을 월요일 아침에 확정하자고 하는 일이 비일비재하다. 한반도의 특수한 안보 상황을 감안하더라도 이해하기 어려운 일들이 많았다.

어릴 때부터 사당오락이라는 말을 들어 와서인지 '밤새서 안 되는 일은 없다'는 신념이 좌우명인 사람들이 있다. 일 중독자나 편집광처럼 일종의 정신질환을 앓고 있는 사람들, 자신의 가치가 오직 일과 그에 따른 성과로만 드러난다고 믿는 사람들, 일이 아닌 다른 분야에서는 아무것도 할 줄 모르는 사람들 말이다. 그러나 아무리 본인이 즐거워서 하는 일이라고 해도 잠을 포기하며 일하는 것은 좋을 게 없다. 일도 제대로 못할 뿐 아니라 건강도 망치는 지름길이다.

연세대학교 의과대학 김원주 교수가 신경과 전공의 103명을 대상으로 수면 실태를 조사한 바에 따르면 전공의 1년 차 미만은 하루에 4시간도 못 자는 중증도 수면 부족으로 나타났다. 이들 중 29명은 졸음으로 집중이 잘 되지 않아 주 1회 이상 실수를 범했고, 거의 매일 실수를 한다는 전공의도 6명이나 됐다. 그중에서도 처방의 오류가 제일 많았다는 것은 의료진의 수면 부족이 환자의 안전에도 영향을 줄 수 있다는 뜻이다.[33]

소아과 전공의를 대상으로 한 연구에서는, 수면은 충분하지만 음주로 인해 0.04~0.05%의 혈중알코올농도를 보이는 전공의보다 수면 부족에 시달리는 전공의가 주의력이나 운전 능력이 더 떨어지는 것으로 나타났다. 응급의학과 전공의 대상 연구에서도 전공의가 되기 전보다 전공의가 된 이후 졸음에 의한 교통사고 발생 빈도가 6.7배나 높게 나타났다.

생명을 다루는 일이라 보다 엄중한 규율과 자기 절제가 필요하다는 주장에는 동의한다. 그러나 의사라는 직책을 수행하기 위해 목숨을 담보로 하는 노력도 담담하게 받아들여야 한다고 생각하는 것이라면 너무 위험하지 않을까. 이런 과정을 이겨 내야만 명의가 되거나 전문의로서 권위가 선다고 보지 않는다.

이처럼 위험한 노력중독은 의료계뿐 아니라 우리 사회 근로 현장 전체에 팽배하다. 2014년을 기준으로 한국인 임금근로자의 노동시간은 연간 2,057시간으로, 당당하게 OECD 30개국 중 4위를 차지했다. 2,120시간을 기록한 2010년부터 꾸준히 감소하고는 있으나 여전히 상위권이다. 30개국 평균은 1,741시간이었으며 미국은 1,796시간, 핀란드는 1,572시간, 네덜란드는 1,347시간이었다. 맥주를 많이 마셔서인지 겨우 1,302시간 노동으로 최하위를 차지한 독일과 비교하면 우리는 무려 연간 800시간을 더 일하고 있다. 하루 8시간을 근무한다고 치면 사무실에서 무려 100일을 더 보내는 셈이다.[34] 어마

어마하게 일을 열심히 하고 있으니 얼마나 자랑스러운가. 심지어 잠까지 줄여 가며 일하고 있다. 한국인의 수면 시간은 하루 평균 7시간 49분으로 OECD 조사 대상 18개국 중 꼴찌를 기록했다. 8시간 50분으로 1위를 차지한 프랑스에 비해 1시간이나 짧다.[35]

그러나 우리나라의 노동생산성은 2012년 기준, 시간당 30.4달러로 OECD 평균인 47달러보다 크게 낮았다. 조사대상 34개국 중 28위였는데, 87.1달러를 생산하는 노르웨이 근로자와 비교했을 때는 절반도 안 되는 부가가치를 생산하는 꼴이다.[36] 같은 일을 하면서도 옆사람은 시간당 51,000원을 벌 때 당신이 33,000원밖에 벌지 못한다면, 내 연봉이 동료의 64%밖에 안 된다면 원인은 어디에 있을까? 게다가 동료보다 매일 1시간 12분을 더 일하고 있는데도 성과가 이렇게 차이 난다면 당신은 어디에서 그 해답을 찾을 수 있을까?[37] 경직된 조직문화, 의사소통 부족, 법과 규정보다는 인간관계를 따지는 문화도 원인이겠지만, 근무의 질보다는 근무 시간의 물리량으로 직원의 성실함을 평가하는 분위기와 그에 따른 수면 시간의 부족도 영향을 미치지 않았을까?

조금만 더 해 보자, 올해까지만 해 보자, 이번 프로젝트만 마무리하자는 생각은 꼬리에 꼬리를 물고 결국 무분별노력증후군으로 이어진다. 그리고 건강을 담보로 끝없는 노력을 쏟게 만든다. 상관과 조직으로부터 인정받으려는 욕망, 스스로의 자존감을 찾기 위한 욕구는 몇 시간의 잠을 포기하면 모든 것이 해결될 것이라는 믿음을 심겨 준다. 오죽하면 잠을 사치라고 생각하는 문화가 생겼을까.

　게다가 요즘은 충분히 잠자는 게 더 어려워졌다. 새벽까지도 꺼지지 않는 네온사인, 눈만 돌리면 찾을 수 있는 24시간 편의점과 찜질방, 새벽 5시부터 다음날 새벽 1시까지 운행하는 지하철과 버스, 그리고 언제든지 탈 수 있는 택시, 장소를 불문하고 턱밑까지 야식을 갖다 바치는 음식점 등 이 모든 것이 우리의 편리를 위해 생겨났지만 정작 이것들이 우리의 몸을 더 혹사시키는 환경을 만들고 있다.

　다음날을 준비하며 편안하게 저녁을 보내고 일찍 잠자리에 드는 삶, 설사 잠이 부족하더라도 그런 날이 며칠씩 지속되지 않는 삶을 바랄 뿐이다. 이것을 사치라고 생각한다면 삶의 행복은 어디에서 오는 건지 곰곰이 생각해 보기 바란다. 새벽같이 출근해 밤늦게까지 사무실을 지켜야만 성실하다고 인정해 주는 사회에서는 얼마나, 언제까지 노력해야 하는지 끝을 알 수 없다.

　노력도 병이 된다. 건강을 담보로 악마와 거래하고 있다면 지금 자신이 무엇을 위해 노력하고 있는지 돌아보라. 노력해도 끝이 보이지 않는다면 지금 당신에게 필요한 것은 충분한 잠과 휴식이다. 오히려 잠을 자고 나면 더 맑은 눈으로 세상을 다시 볼 수 있다. 뇌과학이 밝혀 냈듯, 수면은 오랫동안 풀지 못했던 문제의 실마리를 제공할 수도 있다. 늦기 전에 몸을 추슬러야 한다. 내가 없으면 세상도 없다.

노력은

왜 끝없이 이어지는가

수학에서 임의의 자연수를 의미하는 n은 수많은 문제에 등장하며 나의 신경세포를 피곤하게 만들었다. 도대체 그 n을 구하라는 문제는 왜 그렇게 많았는지. 몇 개의 n을 놓치는 통에 수학능력시험에서 평소만큼의 점수를 받지 못했던 것도 못내 아쉬웠다. 성인이 되어서는 회식 비용을 정산하는데 1/n이라는 말이 사용된다는 것을 알았다. 상사의 관심에 목마른 몇몇 사람들은 갹출의 공식이 1/n이 아니라 1/n-1이고 그것이 부하된 도리라고 주장했다. 그 덕에 금전적 부담이 사라진 상사는 원하지도 즐겁지도 않은 회식을 자꾸만 하자고 했다. n이란 알파벳이 죄를 지은 것도 아니지만 적어도 내 기억 속 n 은 그리 반갑지만은 않다.

그런데 최근에 새롭게 떠오르는 n은 지금껏 나의 미간을 좁히 게 했던 것과는 차원이 다르다. 사는 게 힘들어 연애, 결혼, 출산을 포기했다는 3포 세대에 이어 인간관계와 내 집 마련까지 포기하는 5포 세대도 모자라 꿈과 희망까지 버렸다는 7포 세대가 등장했다. 이 제는 모든 걸 포기한다, 생각나는 족족 포기해야 한다는 의미의 n포 세대가 등장했다. 안타깝지만 포기 세대의 결정판이라고 할 수 있다. 이보다 더한 표현은 당분간 나오기 어려워 보인다.

신문지면과 SNS에서는 지옥 같은 한국 땅을 떠나야 한다는 목 소리가 높아지고 있다. 이제 세상살이가 예전 같지 않은 듯하다. 때 가 되면 당연히 우리를 거쳐 갔던 연애, 결혼, 출산 같은 일들이 이제 는 대단히 노력해야 가능한 일이 되어 버렸다. 애인이 없고, 결혼을 하지 않고, 아이를 갖지 않는 것이 당사자의 가치와 철학에 따른 결 과가 아니라 능력을 나타내는 하나의 지표가 된 것이다.

우리의 삶에서 사랑하는 사람, 신뢰하는 동반자, 목숨과 바꿀 수 있는 자식이 없다는 것은 무엇을 의미할까? 그것은 머지않아 혼자가 된다는 것을 뜻한다. 부모가 떠나고, 형제자매가 저마다 가정을 꾸린 다면 그때는 홀로 남겨진다. 그 어떤 존재도 살을 맞대고 사는 가족 의 자리를 대신할 수 없다. 가족 이기주의가 강한 한국에서 이는 정말 두려운 일이 아닐 수 없다. 내면이 웬만큼 강하지 않다면 고독은 고통이 되고 철학도 한낱 푸념으로 전락하기 십상이다.

한국의 근대화와 산업화를 이끈 기성세대들이 힘든 시기를 버틸 수 있었던 것도 바로 가족 때문이었다. 핏줄만큼은 더 나은 세상에서 더 나은 삶을 살게 하고픈 마음이었으리라. 그래서 열심히 했고 실제로도 그렇게 하면 대부분 잘 살 수 있었다. 고도 성장기에는 그런 변화를 눈으로 확인할 수 있었다.

하지만 n포 세대에게는 가정을 꾸리는 일도 버거워졌다. 사랑의 감정을 함께할 사람도 만나지 못하고, 자신을 닮은 아이를 낳아 점점 더 닮아 가는 기쁨을 보는 일도 용기를 내야 가능한 일이 되었다. 이 세상은 우리에게 철저히 홀로 도생할 것을 강요하고 있으니, 많은 사람들에게 외로운 세상살이는 깊은 한숨으로 시작해 덧없는 독백으로 끝나고 말 것이다.

실제로 인구 천 명당 혼인자의 비율은 1996년 24명에서 지속적으로 감소해 2014년에는 14명까지 떨어졌다. 조사가 시작된 1990년 이후 최저치였다. 가임 여성 천 명당 신생아 수를 의미하는 합계출산율도 2002년부터 1.2명 수준에 머무르며 초저출산의 위기에서 벗어나지 못하고 있다.[38] 3포 세대는 결코 빈말이 아니었다. 실제로 많은 이들이 결혼과 출산을 포기하고 있다는 것이 숫자로 분명하게 드러났다. 이런 수치들 때문에 통계청의 자료를 살펴볼 때마다 우리 사회

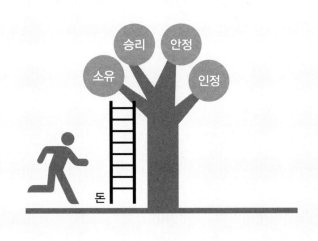

가 정말 벼랑 끝으로 걸어가고 있는 것은 아닌지 걱정된다.

특정 세대의 상당수가 연애, 결혼, 출산, 인간관계, 내 집 마련, 심지어 희망과 꿈까지 포기해야 하는 현상은 왜 생겨났을까? 이들은 왜 이런 고통을 받아야 하는 걸까? 기성세대의 말처럼 노력이 부족해서일까? 조금만 더 참고 견디면 되는데 그것을 못하기 때문일까? 인내심이 부족하고 자유로운 성향이 강해서 끈질기게 물고 늘어지지 않아서일까? 새로운 일에 관심이 많기 때문에 일을 벌이는 데에만 능하고 마무리는 짓지 못하기 때문일까?

나는 이 모든 답들이 기성세대의 비겁한 변명이라고 생각한다. 노력이 부족하다고? 과연 요즘의 취업준비생처럼 실로 가공할 만한 스펙을 쌓았던 세대가 있었나? 이들의 꿈이 확고하지 않아서도, 의지가 박약해서도 아니다. 오히려 우리 사회 전체가 한정된 자원을 놓고 다투는 경쟁을 당연시하고 이런 생각이 법과 정책으로 만들어지기 때문이다. 게다가 저마다 거의 비슷한 목표들을 설정하고 비슷한 방법으로 성공을 꾀한다. 우위를 차지하는 방법은 먼저 시작하는 것과 더 많이 하는 것뿐이다. 자연스럽게 우리는 노력을 일생의 업으로 삼고 살아가게 되었다.

우리가 좀처럼 놓지 못하는 욕심, 무의식중에도 집착하게 되는 목표는 높은 나무에 매달린 탐스런 열매와 같다. 이것을 손에 넣으려고 하다 보니 노력은 끝없이 이어지고 있다. 지금 이 순간에도 우리는 더 많이 소유하기 위해, 상대방을 이기기 위해, 미래를 예측하고 완벽한 계획을 세우기 위해, 그리고 누군가의 인정을 받기 위해, 돈을 벌기 위해 고심하고 있다. 우리가 막대한 노력을 투자하며 경쟁하는 것도, 수많은 것을 포기하며 지금 이 순간을 버티는 것도, 바로 소유, 승리, 안정, 그리고 인정 때문이며 이것들을 성취하는 데 필요한 돈을 벌기 위해서이지 않은가.

채워지지 않는 그릇, 소유

단순함과 간결함을 핵심으로 하는 미니멀리즘이 요즘 화두다. 이를 두고 사람들은 저성장 시대의 고단한 삶을 대변하는 현상이라며 새로운 성장 동력을 찾아 경제를 살려야 한다고 말한다. 정치권에서는 기업의 경영활동에 생기를 불어넣어 줄 각종 법안을 제정하고 정부도 투자를 활성화시킬 수 있는 각종 규제를 완화하겠다고 한다.

미니멀리즘이 유행하는 현상을 어떻게 평가하는지는 중요하지 않다. 성장을 해법으로 제시하고 이를 실현하는 방법을 고민하는 것도 일리가 있는 말이다. 성장이든 분배든 정책의 목적을 달성하지 못하는 게 문제였으니 말이다. 중요한 것은 적게 소유함으로써 진정한 행복을 찾으려는 시도 자체를 무시해서는 안 된다는 것이다. 미니멀리즘의 평가에 치중하다 본질을 놓치지 말고 우리에게 필요한 소유가 무엇인지, 그리고 그러한 소유가 우리를 어떻게 바꾸는지 성찰해야 한다. 꼭 필요한 것만 소유하면 그것의 소중함을 만끽할 수 있고, 여유로워진 시간과 공간을 사색으로 채울 수 있다.

학창시절 점수 따기에 급급했던 나는 법정 스님의 《무소유》를 읽고도 한동안 깨달음을 얻지 못했다. 스님의 말씀처럼 우리는 필요에 의해 어떤 물건을 소유하게 되지만 그것은 곧 신경 쓸 일이 하나 더 늘어난다는 것이기도 하다. 소유란 새로운 얽매임과 얽힘을 만들어 내는 일이며 또 다른 소유를 유발하는 출발이 된다.

경험해 본 사람은 자동차를 살 때의 기쁨을 기억할 것이다. 그러나 그 기쁨은 걱정을 동반하기 마련이다. 옆에 주차한 차의 문이 열리면서 내 차에 자국을 남기지는 않을까, 사고가 나면 에어백은 정상 작동할까, 오일이 새지는 않을까, 타이어 공기압은 적당할까… 차주가 되면서부터 신경 쓰고 챙겨야 할 일은 하나둘이 아니다. 뿐만 아니라 자동차 구입은 열쇠고리나 실내용 쿠션, 세차용품 등의 또 다른 구매 행위로 이어진다. 자동차뿐 아니라 책을 사면 책꽂이를 살 개연성도 높아지고(그 반대의 경우도 가능하다) 여기저기 널린 아이들의 장난감은 큼직한 보관함이 필요하다는 생각을 하게 만든다. 옷이 많아지면 큰 옷장을 구입할 가능성이 증가하고 신발장이 크면 신발도 많아진다. 마트에 진열된 물건의 위치를 한번 떠올려 보자. 소비는 소비로 이어지고, 소유는 또 다른 소유를 낳기 마련이다.

소비와 소유를 멈추자는 말이 아니다. 우리는 모두 빈손으로 태어나 빈손으로 돌아가지만 빈손으로 살아갈 수는 없다. 작더라도 잠시라도 소유할 수밖에 없다. 소유 없는 삶이 어떻게 가능하겠는가. 그러나 삶의 목적을 소유에 두거나 소유하는 것에서 삶의 기쁨과 행복을 찾기 시작하면 소유의 굴레에 스스로를 가두는 꼴이 되고 만다. 앞서 말한 것처럼 소유는 소유를 낳고 필연적으로 돈에 집착하게 만들기 때문이다.

소유가 우리의 생활을 풍족하게 해 주지만 그것이 삶의 풍요로 이어지는 것은 다른 문제이다. 많은 것을 가지면서도 늘 외로움에 몸서리치는 사람이 많지 않은가. 남들이 다 부러워하는 수많은 물질의 이기를 누리면서도 주변에 사람들이 끊어질까 두려워하는 이들의 삶은 풍족해 보이지만 풍요로움과는 거리가 멀다.

우리는 나이가 들면서 더 큰 자동차와 아파트, 고급스러운 옷, 집안 분위기와 어울리는 깔끔한 가구, 힘 있는 네트워크와 권력을 가지려고 한다. 그리고 자신이 가진 것을 주변 사람들과 비교하며 지금 얼마나 행복한지를 저울질한다. 자신의 소유물이 볼품없게 느껴지면 불행이 엄습해 온다. 물론 남과 자신을 비교하는 것은 인간의 자연스런 행동이고, 타산지석이라는 말처럼 발전의 계기가 되기도 한다. 그러나 습관적인 비교와 거기에서 오는 상대적인 패배감이나 열등감은 더 크고 좋은 것을 소유하려는 욕구만 무책임하게 강화시킨다.

노력에 중독된 자들은 자신의 소유욕을 자세히 들여다봐야 한다. 많은 희생을 감수하면서 가지려는 것이 무엇인지 정확히 인식해야 한다. 현재의 내 자리에서 그것을 얻는 게 쉽지 않다면, 그것을 어떻게 얻어야 할지 고민하기 전에 그것을 왜 소유해야 하는지 질문하는 게 우선이다. 목적의식 없이 방법만 고민하다가는 일확천금이나 바라는 몽상가가 되기 쉽다. 그때부터 인생은 한치 앞도 내다보기 힘들어진다.

미니멀리스트들은 소유한 것이 적음에도 풍요로움을 만끽한다. 소유물이 다양하고 많다고 삶의 질이 올라가는 것은 아니다. 필요에 의해 어떤 것을 갖게 되지만 오히려 얽히고 얽매임으로써 소유의 득보다 실이 더 커질 수 있기 때문이다. 필요한 것만 소유하고 그것을 소중하게 대할 때 자신의 삶을 자세히, 그리고 오래 볼 수 있다.

노력중독사회에서 소유란 곧 힘이다. 남보다 좋은 것을 더 많이 가지면 행복할 거라 생각한다. 실제 학력이 높을수록 삶에 대한 만족도가 높다는 통계도 있다. 그러나 난 그런 틀을 깨야 한다고 믿는다. 행복이 성적순이라면 우리의 삶은 초등학교 때부터, 아니 부모의 학력과 경제력에 따라 이미 결정되어 버리는 것이다. 우리의 삶이 이렇게 되도록 내버려 둬야 하는가? 자신에게 꼭 필요한 것만 적절히 소유할 때 진정 행복하다는 사실을 깨닫는다면 우리는 일상을 어지럽히는 불필요한 노력을 제거할 수 있을 것이다. 노력에 중독되어 있다면 무엇을 소유하기 위해 그렇게 애쓰고 있는지 스스로에게 먼저 질문하라.

승자 독식의 딜레마, 승리

2015년 11월경, 한 포털사이트에 〈함부로 인연을 맺지 마라〉라는 글을 올렸는데 엄청난 조회수와 공유수를 기록한 적이 있다. 불과 몇 시간 만에 천 명씩 공유를 해 불과 2주일 만에 1만 2천 명 이상이 공유했다. 부족한 글이 수많은 사람들의 SNS에 회자되면서 덩달아 내 이름까지 전해지니 나로서는 대단한 영광이었다. 그러나 한편으로는 씁쓸하기도 했다. 승자 독식의 혜택을 받고 있는 것 같아서였다. 주목을 받기 시작한 내 글은 검색 상위에 올라가면서 네티즌에게 노출될 확률이 높아졌고 이는 다시 공유수의 증가와 검색 상위 노출로 이어졌다. 한 번 주목받은 글은 다른 글에게 공간을 양보하지 않고 모든 관심을 독차지하게 된다는 것을 이때 실감했다.

출판계의 불황이 어제오늘의 이야기는 아니지만 특히 요즘은 출간 이후 3주면 결판이 난다. 3주 안에 주목받지 못하면 오프라인 서점의 판매대에서도 책을 빼야 한다. 매일 100여 권의 신간이 나오는데 독자들이 찾지 않는 책을 계속 진열해 줄 서점은 없다. 온라인은 더 가혹하다. 책의 구매 경로가 모바일로 넘어오면서 인터넷 서점의 메인 화면에 노출되는 책의 수는 더 줄어들었다. 그나마 컴퓨터 모니터에서는 수십 권의 책이 눈에 띄기라도 하지만 스마트폰에서는 겨우 10권 정도에 불과하다.

이제는 한 번의 간택이 끝까지 쭉 가는 시대가 되어 버렸다. 아무리 책의 내용이 좋아도 3주 안에 발견되지 않는 책이 뒤늦게 다시 발견될 확률은 없다. 2015년에 《미움 받을 용기》나 《혼자 있는 시간의 힘》 같은 양서가 베스트셀러에 오른 것은 축하할 일이지만, 이 책들이 30주 이상 1위 자리를 지키는 것은 그만큼 다른 서적에게 기회가 없었다는 반증이기도 하다. 우리나라에 정말 이 책을 대신할 좋은 책이 없었을까? 나는 그렇게 생각하지 않는다.

이 같은 승자 독식 현상이 비단 출판계만의 문제는 아니다. 음식점을 예로 들면, 저마다 원조라는 이름을 간판에 써 붙이고 있지만 장사가 되는 집은 따로 있다. 기다리는 줄이 길어지면 다른 가게에 갈 만도 한데 오히려 옆 가게에 가는 것은 더 망설여진다. 안되는 집이나 잘되는 집이나 뭔가 이유가 있지 않을까 하는 생각 때문이다. 일단 손님을 끌면 점원을 늘리고 테이블을 늘리고 가게를 키운다. 덕분에 주변 상권이 커지기도 하지만 대부분의 경우 모든 매상은 그 가게로 집중된다.

2016년 한국프로야구에서는 김태균 선수가 연봉 16억 원으로 최고 몸값을 기록했다. 반면 야구선수 중 최저 연봉은 2,700만 원이고 선수의 절반가량은 5,000만 원 미만의 연봉을 받는다. 영화배급사의 힘을 등에 업고 스크린 수를 확보해 흥행을 싹쓸이하는 블록버스터의 관객 독식 문제는 어제오늘의 이야기가 아니다. 영화 〈어벤져스2〉는 개봉 첫 주 토요일 하루 동안만 무려 1만 18차례 상영됐다. 전국 모든 극장에서 상영된 영화 횟수는 1만 4천 7백여 회로, 〈어벤져스2〉의 상영 점유율은 무려 68.2%에 달했다. 이런 구조에서는 관객이 다른 영화를 보고 싶어도 볼 수가 없다.

닭장 속 늑대의 자유란 말을 아는가. 늑대가 닭을 다 잡아먹으면 결국 늑대도 굶어 죽게 된다는 말이다. 경쟁이라는 이름으로 승리만 챙기다 보면 결국 모두가 멸망할 수도 있다. 수많은 매체들이 제시하는 베스트 아이템이 몇 개뿐이라면 결국 우리는 다양성의 종말로 인해 메마른 삶을 살게 될 것이다.

우리 사회는 이미 승자 독식에 익숙해졌고 길들여졌다. 개인이나 작은 단체가 그 큰 흐름을 거스르기는 어렵다. 그래서 우리는 개인으로서나 조직의 일원으로서 경쟁에 승리하기 위해 갖은 노력을 다하고 있다. 경쟁에서 밀리면 끝이다. 유일하거나 특별하지 않다면 내 자리를 대신할 사람은 수없이 많다.

그럼에도 불구하고 우리는 경쟁과 승리보다 더 아름다운 가치가 있음을 알아야 한다. 그리고 작은 시도를 해 나가야 한다. 소설 《빙점》을 쓴 미우라 아야코의 배려심은 승자 독식의 문제를 해결할 귀감으로 잘 알려져 있다. 잡화점을 운영하던 그녀는 자신의 가게에 손님이 몰리면서 인접 가게가 문을 닫게 될 지경에 이르렀음을 깨닫고는 물건의 종류와 수량을 줄여서 몰려드는 손님을 분산시켰다. 그렇게 생긴 여유를 이용해 작품을 썼는데 그것이 바로 불후의 명작인 《빙점》이다.

물론 이런 배려를 실천하기에는 한국사회의 구조적인 문제가 복잡하고 어렵다는 것을 안다. 2년의 계약 기간이 끝나면 언제 가게를 비워야 할지도 모르는데 옆 가게와 상생을 논하는 것이 비현실적일지도 모른다. 선수 생명은 한순간의 부상이나 슬럼프로 끝날지도 모르니 벌 수 있을 때 벌어야 한다는 말 또한 틀린 것은 아니다. 다른 분야에서도 마찬가지로 승자가 독식을 해야 하는 이유가 있을 것이다.

그럼에도 불구하고 매사를 승부로 보고 승리만 바라서는 안 된다. 경쟁의 끝에는 승자를 승자로 만들어 줄 약자나 패자가 모두 사라지고 만다. 오히려 협력과 상생을 통해 지속가능한 성장을 도모해야 하지 않을까? 전국에서 손님이 찾는 맛집이라면 영업시간을 조금 줄이는 것은 어떨까? 장기간 1위 자리를 지킨 베스트셀러가 온오프라인 서점에서 노출되는 비율을 줄인다면 다른 좋은 책들에게도 기회가 돌아가지 않을까? 연봉이 자신의 능력을 입증하는 잣대라고는 하지만 수익의 일부를 프로선수 연금을 조성하는 데 후원하는 건 어떨까?

승리만 인정하는 경쟁은 끝없는 노력을 강요하며 일상에서부터 일생에 이르기까지 무한한 고통을 불러일으킨다. 배려가 자발적으로 생겨난다면 우리의 삶은 노력중독에서 벗어날 수 있을 것이라 감히 상상한다.

예측 가능한 미래에 대한 열망, 안정

　내가 군복을 벗고 글쟁이가 되겠다고 하니 부모님은 물론이고 큰어머니와 고모님까지 내 앞날이 걱정되어 잠도 못 주무셨다고 한다. 잠깐이라도 만날 때면 월급 꼬박꼬박 나오는 좋은 직장 그만두고 이제 어떻게 하느냐고 이구동성으로 말씀하곤 하셨다. 아내가 돈을 벌긴 했지만 씀씀이를 줄이기가 쉽지 않아 수입의 60% 이상이 하루아침에 사라졌을 때는 힘들었다. 군을 떠난 해에 셋째가 태어났고, 큰 아들이 초등학교에 들어가면서 돈 들어갈 일은 오히려 더 늘었다. 하지만 우리 가족은 생각보다 빨리 적응했고 그럭저럭 궁핍하지 않게 생활할 수 있었다. 게다가 매월 칼럼을 쓰는 곳도 생기고 종종 강의도 나가며 적은 돈이나마 보탤 수 있었다. 월급이 아닌데도 통장에 돈이 들어오는 게 신기했다.

　안정된 직장이 제공하는 가장 큰 매력은 바로 월급이 아닐까. 매월 통장에 꽂히는 일정한 금액은 일이 아무리 고되고 심지어 더럽더라도 해야만 하는 가장 큰 유인책이다. 그래서 월급은 매력적이면서도 중독성이 강하다. 그 맛에 길들여지면, 야성을 잃고 때 되면 주인이 주는 사료나 받아먹는 가축과 다를 바가 없어진다.

　하지만 누구에게나 직장을 떠날 때가 온다. 게다가 요즘은 그 시기가 점점 앞당겨지고 있다. 어느 날 갑자기 직장에서 나오던 월급이 끊기면 살 길이 막막해질 수밖에 없다. 사냥할 줄 모르는 이들에게 사회는 그야말로 정글이다. 대학도, 직업 훈련도, 은퇴 설계라는 이름의 각종 프로그램도 결국은 야성을 키우고 되찾는 일에 지나지 않는다.

만약 당신이 직장에서 하는 일을 정말 좋아한다면, 좋지는 않아도 의미를 발견할 수 있다면, 마음먹기에 따라 직장을 옮기거나 창업할 수 있다면 야성 따위는 문제가 아니다. 그러나 이러지도 저러지도 못해서 출근하고 사무실 책상에 앉는다면 언젠가 마주하게 될 정글의 냉혹함을 어떻게 견딜 것인가? 과연 월급 없이도 살 수 있는가?

월급은 단순한 돈이 아니다. 이것은 삶의 계획을 세우기 위한 대전제이다. 정부건, 기업이건, 어떤 조직이건 무슨 일을 하기 위해서는 예산이 확보되어야 한다. 확보되지 않더라도 자금을 조달할 믿을 만한 통로가 있어야 한다. 대부분의 임금근로자에게는 바로 월급이 그 역할을 한다. 일정한 수입이 확실해질 때 우리는 계획을 세울 수 있고 불안한 미래를 안정적으로 바라볼 수 있다.

불안정을 안정된 상태로 바꾸려는 심리는 인간의 본능이다. 우리 대부분은 위태로운 절벽이나 고층 빌딩에 매달린 사람보다는 넓은 평원에 앉아 호수를 바라보는 사람이 되고 싶다. 짜릿한 느낌은 가끔 겪는 것으로 충분하다. 누구나 인생의 대부분은 안정적이길 바란다. 나도 그랬다. 고등학교를 졸업하고 사관학교를 나와 장교로 임관했을 때는, 적어도 50대 중반까지는 어떤 삶을 살게 될지 예상할 수 있었다. 그런데 예측 가능한 그런 삶이 어느 날 갑자기 끔찍하게 느껴졌다. 지난날의 중요한 판단이나 선택의 길에서 진실하고 정직했는지 의심도 들었다. 물론 50대 중반에 이르는 과정을 충분히 신선하고 역동적으로 채울 수도 있겠지만, 때 되면 진급해서 다음 진급에 유리하도록 경쟁력 있는 자리를 찾아가는 반복된 생활이 30년 이상 지속될 것이라고 생각하니 고민이 깊어졌다.

삶은 반복되는 평범한 일상으로 채워지는 것이지만 그 끝이 정해져 있다는 건 받아들이기 힘들었다. 나의 잠재력, 가능성, 무궁무진함이 궁금했고 새로운 세상도 알고 싶었다. 그래서 난 안정된 길을 포기하고 나의 삶을 불안정한 상태로 남겨 두기로 했다. 그 끝에서 어떤 모습의 나를 만날 수 있을지 여전히 알 수 없다. 두려울 때도 있지만 그래서 또 몹시 기대가 되는 것도 사실이다. 난 지금도 꿈나무이다.

불안한 미래를 예측하고 대비할 수 있을 때 우리는 안도감을 가진다. 우리가 성취하려는 목표의 대부분은 미래의 불확실성을 줄이는 데 기여하는 것들이다. 성적, 자격증, 취업, 진급, 승진, 결혼, 출산 등 거의 모든 목표는 계획된 삶의 한 과정이면서 다가올 미래를 예측 가능하도록 해 주는 단계이기도 하다. 그러나 불안함을 줄이기 위해 너무 많은 노력을 기울여야 하고 오늘 하루가 고통스럽다면 과연 그것이 올바른 선택이라고 할 수 있을까? 그런 오늘이 언제 끝날지 알 수 없고 미래는 점점 더 불안해진다면, 안정된 내일보다 손에 잡히는 오늘 하루를 만끽하는 것이 현실적이지 않을까?

국방어학원에서 일할 때, 매년 30개 나라에서 오는 수많은 장교들을 만날 수 있었다. 이들은 생김새는 물론이고 말과 문화까지 비슷한 것이 거의 없을 정도로 각양각색이었지만 무엇보다도 삶을 바라보는 관점이 우리들과 사뭇 달랐다. 특히 칭기즈칸의 후예인 몽골 장교들은 유목민의 유전적 특성을 그대로 보여 줬다. 이들은 봉급을 받은 뒤 며칠 동안 먹고 사는 데 거의 모든 돈을 썼다. 다 쓴 뒤에는 다음 봉급날까지 끼니를 건너뛰는 일도 있었다. 처음에는 이런 습성을 이해할 수 없었지만 그들의 이야기를 듣고 보니 나름 일리가 있었다. 초원이 푸를 때 많이 먹어야 한다는 것이었다. 풀을 찾아 이동하는 유목민처럼 그들은 풍족할 때 즐기고 부족할 때는 나름의 방식으로 헤쳐 나갔다. 방글라데시, 페루, 에콰도르, 나이지리아, 이라크 등 우리가 후진국이라고 일컫는 나라의 장교들은 뭔가를 배우기 위해 한국을 찾아왔지만 오히려 나는 그들에게서 더 많은 것을 배웠다. 성장과 발전을 이룩하며 우리가 놓쳤던 것이 무엇인지 볼 수 있었기 때문이다.

한국인처럼 다가올 미래를 기다리며 불확실성을 줄이는 데 집중하는 사람이 있는가 하면, 주어진 상황을 최대한 즐기는 사람도 있다. 앞날을 계획하고 불확실성을 줄이는 것이 너무나 당연해 보이지만 누군가에게는 그것이 쓸데없는 걱정이기도 하다. 생각대로 되지 않는 게 삶이고, 그래야만 생각지도 못한 환상적인 일도 일어난다. 될 대로 되라며 아무 준비 없이 사는 것도 무모하지만, 삶을 늘 예측하고 계획대로 살고자 하는 것도 피곤하기는 마찬가지이다. 우리 삶은 근본적으로 불안정하고 계획은 언제나 틀어지기 마련이다. 오늘 하루조차 제대로 살기 어려울 만큼 불안한 게 아니라면 여유를 갖자.

안정이라는 것도 결국은 스스로의 가치관에 따라 결정되는 상대적인 문제이다. 필요하다면 생활의 터전을 굳이 서울이 아닌 지방의 중소도시나 농어촌으로 옮길 수도 있다. 평생 함께할 것만 같은 직장을 떠나는 데 크게 연연하지 말자. 아이들에게 전학을 가야 한다고 말할 때 너무 미안해 할 이유도 없다.

오늘의 삶이 불행하다고 느낀다면 너무 먼 미래까지 예측하고 계획하지 않는 게 좋다. 많은 사람들은 끝없는 노력의 대가로 편안하고 안정된 미래를 얻을 수 있다고 착각한다. 그러나 미래란 본질적으로 불확실하다. 그것을 그대로 인정하고 받아들이고 안정된 미래를 계획하는 일에 집착하지 않는다면 지금 이 순간이 더없이 아름다워질 것이다.

자존감의 깨진 거울, 인정

무엇이 인간을 행동하게 만들까? 원하는 것을 주거나 싫은 것을 제거해 주는 당근, 원하는 것을 빼앗거나 싫은 것을 주는 채찍은 이 질문에 대한 답으로 손색이 없어 보인다. 행동주의 심리학의 산물인 당근과 채찍은 오랜 기간 인간의 동기를 유발하는 최강자로 군림해 왔다.

최근에는 당근과 채찍의 효과가 한계에 달했다면서 자율성, 성취감, 사회적 헌신 등을 강조하는 곳도 있지만 나는 이 또한 일종의 당근과 채찍이라고 생각한다. 차이점이라면 연봉이나 근로조건과 달리 이것은 우리의 내면을 향한다. 골프장이나 콘도 연간회원권, 비즈니스 항공권 같은 사탕을 주는 것이 아니라 우리의 마음을 쓰다듬어 준다는 말이다. 또한 자율성, 성취감, 사회적 헌신 등이 얼마나 충족되는지는 철저히 자신에게 달려 있다. '연봉이 얼마고 복지 수준은 어때?'라고는 물어도 '얼마나 자율적이고 성취감을 느껴?'라고 묻는 사람은 드물다. 다른 사람과 비교하지 않는다는 말이다.

어쨌든 여전히 현실에서는 연봉이나 계약기간 같은 외재적인 당근과 채찍이 판단과 선택을 좌우하는 강력한 기준이다. 예를 들어 정년까지 일할 수 있다는 근로조건도 일종의 당근인데, 경기가 어려운 시기에는 고용안정성이 상한가를 기록한다. 2016년 9급 국가직 공무원의 선발 경쟁률이 역대 최고 수준인 54:1에 달했다는 사실은 이를 반증한다. 기업에 비해 상대적으로 급여가 낮음에도 불구하고 많은 사람들은 정년이 보장되는 근로계약을 선호한다는 뜻이다.

우리는 스스로 어떤 결정을 내릴 때에도 타인이 제시하는 조건의 장단점, 즉 당근과 채찍을 따져 본다. 그러나 결정을 하는 데 있어 자율성, 성취감, 사회적 헌신과 같은 내면을 향하는 요인보다 연봉이나 계약기간 같은 외재적 요인의 영향력이 압도적으로 크다면 그 결정은 불행한 결과를 가져올 가능성이 높다. 연봉이 아무리 높아도 마음속에서 꿈틀거리는 자율성과 일탈에 대한 욕구를 완벽하게 억누를 수는 없지 않은가. 그렇게 수동적으로 유발된 동기는 지속성이 낮기 때문에 머지않아 자신의 결정을 후회하게 되고 궁여지책으로 더 큰 당근을 찾을 수밖에 없다.

당근과 채찍은 우리의 거의 모든 결정을 좌우하는 하나의 틀이지만, 보다 큰 차원에서 영향을 미치는 요소가 있다. 우리가 당근과 채찍을 고민하는 것도 결국 이 때문이라고 해도 과언이 아니다. 특히 사람과의 관계, 집단과의 조화, 타인과의 비교를 중요시하는 우리 문화에서는 이것의 영향력과 함께 문제점도 점점 커지고 있다. 바로 '타인의 인정'이다.

누군가로부터 인정받고 나아가 존중받는 것은 더할 나위 없는 기쁨이다. 자신이 아닌 다른 인격체로부터 제대로 대접받고 싶은 것은 숨길 수 없는 인간의 본능이다. 우린 수많은 관계를 맺고 살아가야 하는 사회적 동물이다. 그런데 이 인정의 욕구가 비교라는 틀과 결합하면서 우리의 삶을 상당히 힘들게 만들었다. 사람들은 거의 모든 결정에서 타인과 비교를 하기 시작했고, 여기서 우위를 점해야만 인정받을 수 있다는 잘못된 결론에 이르게 되었다. 이런 사고방식은 매사를 경쟁과 승부의 관점에서 바라보게 만들어, 결국 인정받으려는 욕구가 다른 모든 가치를 잠식하는 결과를 초래하고 만다. 인정의 욕구가 초래한 다소 극단적인 두 사건을 소개하겠다.

2015년 10월 14일 저녁, 뉴스에서는 술에 취한 채 자신의 음주운전 장면을 생중계하다가 경찰에 체포당한 여성의 소식이 방송되었다. 그녀는 술을 마시는 장면부터 운전대를 잡고 위험천만하게 주행하는 모습을 자신의 스마트폰 앱을 통해 전 세계에 공유했다. 그녀는 놀라운 팬들의 반응에 "57명이야. 맙소사, 이렇게 많은 사람이 지켜볼 줄은 몰랐어."라며 감탄했다. 술을 얼마나 마셨는지 혀까지 꼬인 그녀는 사고를 내고 나서야 생중계를 지켜보던 사람의 신고로 경찰에 체포되었다.[39]

음주운전 생중계를 했던 그녀는 자신이 무엇을 하고 있는지 알리면서 여러 사람들로부터 자신의 정체성을 인정받고 싶어 했다. SNS의 폐해를 단적으로 보여 주는 그녀의 행동은 다행히 인명 피해 없이 마무리되었지만 이런 심리가 도를 넘게 되면 은연중에 범죄로 발전할 수도 있다.

2015년 9월 1일, 경기도 부천의 한 중학교 교실에서 부탄가스를 터뜨린 중학생은 폭발 과정을 동영상으로 촬영한 뒤 인터넷에 공유했다. 영상 속, 폭발 장면을 중계하는 그의 목소리는 덤덤했고 동영상을 본 네티즌들의 반응에 바로바로 댓글을 달아 주는 모습은 더욱 놀라웠다. 그는 학교에서보다 사이버 공간에서 더 큰 만족을 얻었을 것이다. 그들의 인정은 보다 자극적이고 선정적인 콘텐츠를 제공해야겠다는 심리를 건드린다. 더 큰 관심과 인정을 향한 욕구는 불행하게도 극단적인 선택으로 이어지는 것이다.

인정에 대한 욕구가 더 문제 되는 이유는 SNS 등의 사회관계망이 확산되면서 이런 증상이 점점 강해지고 있다는 것이다. 위에 소개한 극단적인 두 사건이 자신과 관계없는 이야기라며 웃어넘기지 않았으면 한다. 우리 모두 타인의 인정에 집착하다 보면 신문 사회면 1면을 장식할 기사의 주인공이 될 수도 있다.

작은 마을 단위로 생활하던 과거에는 주변에서만 좋은 평판을 받으면 됐지만, 오늘날에는 전 세계 사람들이 나를 볼 수 있고 나에 대한 평가를 내릴 수 있다. 거리 한복판에 있는 유리 상자에 옷을 다 벗고 들어가 있는 듯하다. 내가 말하지 않아도 내가 뭘 하는지 다 알게 되었고, 내가 원치 않아도 누군가는 나를 평가하고 있으며, 그런 자신의 생각을 가감 없이 나에게 전달한다. 인터넷에 접속할 수 있는 사람이라면 타인의 시선을 의식하지 않기가 어려워졌다.

나의 출신 학교와 사는 곳, 부모님의 직업 등은 내가 어떤 일을 하는지, 재산은 얼마나 되는지에 대한 정보를 제공한다. 취미 활동도 나를 평가하는 기준이다. 골프를 치는 사진을 SNS에 올리면 꽤 괜찮게 사는구나, 하는 평가를 받을 수도 있다. 고급차의 브랜드가 살짝 노출된 배경이면 더할 나위 없다. 고수들은 노골적으로 드러내지 않고 특정 부분으로 추측할 수 있게 배려까지 해 준다. 아파트를 사거나 차를 새로 뽑으면 인증샷을 올려 자신의 성과를 알린다. 전망 좋은 곳에서 내려 먹은 커피를 마시니 기분이 상쾌하다며 감상도 남긴다. 해외여행은 출국부터 입국까지 실시간으로 홍보한다.

그들 스스로의 말로는 그냥 올리는 것이라지만, 그 내면에는 타인에게서 인정받으려는 심리가 자리하고 있다. 그 게시물에 아무런 반응이 없다면 오히려 우울해진다. 수억 원을 들여 새 아파트를 장만해서 기분 좋고 뿌듯하다면 그걸로 그만인데 왜 우린 타인의 인정을 받아야만 하는 걸까? 또 남들이 멋지게 사는 모습을 보면 어깨가 움츠러들고 갑자기 우울해지는 건 왜일까?

남들에게서 인정받기 위해 끝없이 노력하며 현재를 불행하게 사는 것은 어리석은 행동이다. 그 끝에는 굉장한 성공이 기다릴 수도 있다. 그리고 자랑할 기회도 올 것이다. 하지만 과연 그 성공이 끝일까? 그때는 또 더 큰 당근을 바라지 않을까?

'보란 듯이' 잘 사는 것보다는 '남부럽지 않게' 잘 사는 게 진정한 삶이다. 내 삶은 내가 판단하고 평가하면 그만이다. 나를 나보다 잘 아는 사람은 아무도 없다. 스스로 이끌고 평가하는 나의 삶에서 내가 만족하면 된다. 타인의 인정을 받는 것도 좋지만 그것이 결정에 대한 자율성, 어제의 나보다 나아지려는 욕구, 공동체에 긍정적인 영향력을 미치려는 선한 의도를 침범하거나 대체할 수는 없다.

애증의 목표, 돈

군것질거리를 사기 위해 백 원만 달라고 조르는 일이 일상이었던 나에게 어머니는 '백원만'이라는 별명을 지어 주셨다. 어머니는 "과자 못 먹고 죽은 조상이 있냐. 왜 이렇게 졸라!"라며 나를 혼내시기 일쑤였다. 30년 전이라고 해도 백 원이 그리 큰돈은 아니었으니 돈의 중요함과 씀씀이를 제대로 가르치기 위해서였다고 생각하면 감사하기 그지없다.

나는 이때 원하는 것을 얻기 위해서는 대가를 지불해야 한다는 사실을 알게 되었다. 과자나 아이스크림 따위를 얻기 위해서는 돈을 지불해야 했고, 그 돈을 얻기 위해 난 오랜 시간 어머니와 기 싸움을 벌여야 했다.

우리 사회에서 대가란 곧 돈이며 비용이라고도 한다. 만약 누군가가 '돈'을 원한다면 그에 상응하는 노동이나 아이디어 같은 비용을 지불해야 한다. 그 대가로 받는 게 돈이며, 그 돈을 지불하는 사람의 입장에서는 그 돈이 또 비용이 된다.

오늘날 가치의 척도로서 돈의 지위는 견고해졌다. 돈의 액면가는 곧 가치의 깊이와 무게를 뜻한다. 미술품의 가치는 경매 가격으로 결정되고 아파트의 가치도 시세가 말해 준다. 유일하거나 희소할수록 가치는 상승하고 어김없이 그것을 갖기 위해 치러야 할 비용도 증가한다. 누군가가 제공하는 노동력이 얼마의 가치를 갖고 있는지도 일한 대가로 얼마를 받는지 보면 알 수 있다. 사회구조적으로 결정되는 임금도 결국은 누군가의 노동력에 대한 사회적 가치를 대변하는 것이다. 때로는 인간관계의 깊고 얕음도 돈으로 알 수 있다. 청첩장을 받거나 부음 소식을 들었을 때, 축의금이나 부조를 얼마나 해야 할지 따져 보지 않은 사람은 거의 없다. 그만큼의 돈을 지불할 가치가 있는 관계인지 생각해 보는 것이다.

때로는 돈이 부끄러움의 이유가 되기도 한다. 국민학교 6학년 때, 매월 저금을 하는 날 친구들은 만 원을 냈지만 늘 천 원만 냈던 나는 그것이 그렇게 부끄러울 수가 없었다. 하루 벌어 하루를 살아야 했던 그 시절 돈 만 원을 통장에 넣어 둘 여력이 우리 집에는 없었다.

'가난은 부끄러운 게 아니라 불편할 뿐'이라지만 '유전무죄 무전유죄'라는 구호에 씁쓸하게 동의할 수밖에 없는 게 현실이다. 재벌들은 중죄를 짓고도 몸이 불편하다는 이유로 집행이 유예되고, 경제를 살리라는 임무를 받아 특별사면을 받는다. 가난은 이렇듯 불편함을 넘어 차별의 근원이 되고 있으며 심지어 누군가에게는 죄가 된다. 월가의 기자 맷 타이티는 가난이 죄가 된다는 책도 쓰지 않았는가.

보금자리주택(정부가 제공하는 중소형 아파트 및 임대주택)에 거주하는 아이들과 같은 학교에 배정하지 말아 달라며 서울시 교육청을 항의 방문한 강남 학부모들의 기사는 비단 그들만의 이기심에 관한 뉴스가 아니다. 임대주택에 거주하는 아이들과 같은 학교로 배정되는 아파트의 시세가 주변보다 낮다는 사실은, 일반인이라고 자청하는 사람들에게도 돈으로 사람을 평가하는 마음이 자라나고 있음을 말한다. 가난이 자랑할 일은 아니지만 비난이나 증오의 대상이 되어야 할 이유가 없음에도 실상은 그렇지 않다는 것이다. 우리는 부자가 되기를 갈망하는 것에서 그치지 않고 약자와 빈자를 거북한 시선으로 바라보고 있다.

물론 차별의 피해자가 되지 않으려는 목적 외에도 돈은 필요하다. 나 역시도 가끔은 돈이 조금 더 많았으면 좋겠다고 생각한다. 어릴 적 살았던 집이기도 한 부모님의 낡은 집을 찾을 때마다, 아내와 아이들이 이삿짐을 싸고 풀 때마다, 지글거리는 고기가 뜨거운 줄도 모르고 먹는 아이들을 볼 때마다 돈을 많이 벌고 싶다는 생각이 강해진다. 돈에 집착하는 것을 경계하면서도 이 같은 생각을 완전히 떨칠 수는 없다.

거의 모든 재화와 용역은 돈으로 환산할 수 있다. 비싼 수술비를 감당하지 못해 죽음을 택할 수밖에 없는 환자의 가족에게는 목숨조차도 돈으로 계산할 수 있다. 이런 생각이 불편하다는 사람도 있을 것이고, 누군가는 순진하고 감성적이라고 치부할지도 모른다. 그냥 세상이 이미 이렇게 되어 버렸다고 여기는 편이 나을지도 모르겠다. 돈을 중심으로 움직이는 현실 세계는 생각보다 냉혹하다. 삶의 편의를 위해 만들어진 돈이 이제는 삶을 지배하는 강력한 본질이 되어 버렸다.

우리가 힘들어도 참고 버티는 이유, 노력을 끊지 못하는 이유에는 돈이 상당히 큰 부분을 차지한다. 그놈의 돈이 거의 모든 것을 가능하게 해 주기 때문이다. 돈은 오늘날 우리가 뭔가를 소유하고, 승부에서 이기고, 남들에게서 인정받고, 미래를 안정적으로 맞이하기 위한 최고의 무기가 되었다. 지금 감히 할 수 없는 일도 애증의 목표인 돈이 있으면 가능하다. 억울하면 출세하고 성공하라는 말이 세속적으로 들리겠지만 지금 우리 세상은 이미 그런 모습이 되었다. 그러나 그러한 현실을 인정하더라도 인생의 최우선 순위에 돈을 올려 놓는 것은 왠지 마음이 편하지 않다. 아무리 많은 돈이라고 해도 그 자체가 목적이 될 수는 없기 때문이다.

돈이 중환자의 수술을 가능하게 할지언정 생명 자체가 될 수는 없고, 다이아몬드 반지나 고급 외제차를 살 수 있게는 해 줘도 돈이 사랑 그 자체는 아니다. 제 아무리 위대하다고 해도 돈은 수단일 뿐이다. 돈이라는 애증의 목표를 손에 넣은 뒤에 무엇을 하려고 하는지 분명히 답할 수 있는가? 왜 그것을 하려는지 명쾌하게 설명할 수 있는가? 이 질문의 답을 진지하게 찾다 보면 돈에 대한 지나친 욕망이 조금은 줄어들 것이라 확신한다.

2

포기
의재
발견

抛棄
/
再發見

끈기보다 무서운 신의 한 수,

포기

포기하면 안 되나요

앞서 우리는 무분별노력증후군, 즉 노력을 성공과 결부시키고 성공을 위해서는 절대 포기하지 말고 더 노력하라고 강요하는 우리 사회의 이기심을 살펴봤다. 당신이 만약 목표를 달성할 가능성이 매우 낮은 상황에서도 상당히 오랫동안 노력을 기울였거나, 목표를 달성했지만 중요한 것들을 놓치고 후회한 경험이 있다면 무분별노력 증후군을 의심해 봐야 한다.

확률만 따지며 도전하지 않는 것도 문제지만 1%의 가능성만 보고 끝까지 매달리는 것은 더 위험하다. 때로는 그런 집념이 성공의

단초가 되어 놀라운 성과를 가져오지만, 분명한 목적의식 없이 막연한 기대감이나 관성 때문에, 혹은 그동안 들인 공이 아까워 내려놓지 못하는 것이라면 허탈감만 커질 것이 분명하다.

회사 일이라면 부모 빈소에서라도 전화를 받는 직장인, 폐지될 사법고시를 붙잡고 있는 고시생, 취업문을 뚫겠다며 갖은 스펙을 쌓고 있는 취업준비생, 의대를 가겠다며 몇 년째 수능을 보고 있는 재수생, 아이의 적성과 의지는 생각지 않고 사교육 릴레이를 시키는 학부모… 이들에게 필요한 것은 무엇일까? 집념을 발휘하며 될 때까지 밀어붙여야 하는 걸까? 이들에게 더 나은 삶은 없을까? 나는 이들이 무엇인가를 포기할 단계에 이르렀음을 알리고 싶다.

포기는 선택의 문제다. 우리는 어떤 일에 시간과 노력을 기울일 때, 그 외의 일에는 시간과 에너지의 투입을 절약하거나 중단하게 된다. 중간고사를 대비하는 수험생에게는 기성용 선수의 중계방송이 포기의 대상이며, 아침식사를 준비하는 어머니에게는 아침잠이, 야근하는 직장인에게는 가족과의 저녁식사나 친구와의 소주 한잔이, 건강을 되찾기 위해 금연을 선택한 애연가에게는 담배의 터프한 맛이 포기의 대상이다. 사실 우리의 모든 선택에는 선택에서 배제되는 것들에 대한 포기가 전제되어 있다.

그런데 우리는 포기 자체를 달가워하지 않는다. 오히려 우리 사회에서 포기는 죄에 가깝다. 의지와 끈기가 없는 사람이나 포기를 선택하며 이는 결국 실패로 이어진다고 믿는다. 그래서인지 우리는 상충되는 가치를 동시에 충족시키려는 경향이 강하다. 신속하면서도 정확해야 하고, 값싸면서도 품질은 좋아야 한다. 빠르면서도 안전해야 하고, 강력하면서도 정교해야 한다. 어느 것 하나도 잘 버리려 하지 않는다는 말이다.

일례로, 군에서는 신속·정확한 보고가 생명이라고 한다. 그런데 신속하면서도 정확할 수가 있을까? 그건 어디까지나 희망사항이자 하나의 구호에 지나지 않는다. 대부분의 경우 둘 중 하나는 포기해야 한다. 실제로 2010년 3월 26일의 천안함 피격 사건, 같은 해 11월 23일의 연평도 포격 도발에서는 일선 부대의 상황보고가 합동참모본부와 청와대까지 얼마나 신속하고 정확하게 이뤄졌는지, 또 그에 따른 적시적절한 조치가 이뤄졌는지가 언론에서 중요하게 다뤄졌다. 그러나 현장에서는 절대 신속하면서 동시에 정확한 보고를 할 수가 없다.

예를 들어 열영상장비를 통해 DMZ 내 작전지역을 관측하던 경계병이 정체불명의 사물이 움직이는 것을 봤을 때, 이것이 뭔지 정확히 확인하는 과정을 거치게 되면 신속함은 포기하는 것이다. 반면 정확하지는 않지만 '정체가 불분명한 물체가 움직인다'는 식으로 바로 보고할 수도 있는데 이때는 정확함을 포기하는 것이다. 물론 군에서는 '관찰한 그대로를 정확하게 보고한다'고 하지만 이런 보고를 받은 상급부대는 어떤 조치를 내리기가 어렵다. 따라서 유의미한 정보를 담고 있는 신속·정확한 상황보고는 상당히 어려운 일이다.

포기를 모르는 정신은 정부의 예산 편성 과정에서도 드러난다. 대형 사고가 터지면 정부는 국민의 안전을 위해 법을 정비하고 예산을 반영하겠다고 말한다. 그러나 시간이 조금 지나 국민의 관심이 줄어들면, '안전이 중요하긴 한데 예산이 부족하다'는 식으로 입장이 변한다. 그러나 이는 다른 사업에 사용될 예산을 포기할 수 없다는 말과 같다. 즉, 국민의 안전을 포기하면서까지 추진해야 할 다른 사업이 있다는 것이다. 끝내는 어느 것 하나 만족스런 결과를 내지 못할 정도로 여기 찔끔, 저기 찔끔 예산이 배정된다.

물론 대비되는 가치를 모두 충족시킬 수 있다면 좋겠지만, 어느 하나를 포기해야 하는 경우도 반드시 존재한다. 사실 우리 삶에는 후자의 경우가 더 많다. 그럼에도 불구하고 우리는 늘 포기하는 것에 대해 경기를 일으킨다. 더 중요한 것을 위해 덜 중요한 것은 포기하는 것이 옳지 않을까? 신속함이 정확함보다 중요한 상황이라면 부정확한 정보일지라도 신속하게 보고하는 것이 맞다. 국민의 안전을 최우선으로 생각한다면 다른 부분의 예산을 대폭 삭감해서라도 안전에 관한 불안 요소를 모두 제거하는 것이 바람직한 결정이다.

그러나 우리는 여전히 '포기 금지'라는 망령에 혼이 팔려 이것도 저것도 다 가지려고 한다. 청춘을 포기하고 사법고시에 도전할 것인가, 아들과의 일상을 포기하고 승진을 노릴 것인가, 경제적 풍요를 포기하고 가슴 뛰는 일을 선택할 것인가… 무엇을 포기할지는 전적으로 자신이 결정할 일이다. 그러나 포기 자체를 거부하는 것은 죽이 되면서 밥도 되기를 바라는 것과 같다. 어떤 상황이든 포기해야 할 것은 존재하며, 자신의 가치관에 따라 포기할 대상을 스스로 결정하는 것은 매우 중요하다.

프로포즈를 한 뒤에는 무엇을 준비해야 하는가

'꼭 해야 되나요?'라는 질문에 마땅한 답을 내놓지도 못하면서 많은 것들을 당연한 듯 해 나갈 때가 있다. 그 과정이 너무 힘들어 스스로도 '이걸 꼭 해야 하는 걸까?'라는 의구심을 가지면서도 말이다. 특히 결혼을 준비하는 이들은 자주 이런 고민에 맞닥뜨리게 된다. 웨딩업체들은 '단 한 번', '이번뿐', '사랑하는 사람', '하나뿐인 부모'를 들먹이며 희소성을 자극한다. "신부 한복 저고리 소매에 수를 조금 넣으면 예쁘죠. 한 땀 한 땀 손으로 직접 하는 거라 비용은 좀 나가요.", "뷔페는 3만원, 5만원 있는데 요즘은 보통 5만원 상품으로 많이들 하세요.", "요즘은 신랑 분들도 반지는 다이아몬드로 하죠.", "어르신들 이불 세트는 해드리는 게 좋지 않을까요?" 다른 일도 아니고 결혼인데 돈 몇 푼이 중요하랴. 인생에 딱 한 번뿐이라는 생각은 모든 선택을 합리화시킨다.

깔끔한 외모의 웨딩 플래너는 고급 외제차를 끌고 고가의 시계나 유명 브랜드의 귀금속을 착용한다. 그들이 안내하는 매장마다 신혼부부를 마치 부유한 귀족처럼 대해 준다. 이런 호화로운 환경에 노출되면서 그들이 추천하는 고급 사양의 상품 앞에서 신혼부부들은 오히려 쓸데없는 자존심을 세우게 된다. 결혼인데 이 정도도 맘 놓고 못 쓴다면 너무 초라하지 않을까.

우리는 결혼에 얼마나 많은 돈을 쓰고 있을까? 국내의 한 결혼정보회사가 최근 2년 이내에 결혼한 기혼자 천 명을 상대로 조사한 바에 따르면, 신혼부부 한 쌍 당 지출한 결혼 비용은 평균 2억 3,798만 원이었다. 주택 마련 1억 6,835만 원, 예단 1,639만 원, 예물 1,608만 원, 예식장 1,593만 원, 가전·가구 등 1,375만 원, 신혼여행 451만 원, 기념 촬영 등 웨딩패키지 297만 원 등이었다.[40]

예전에는 국수나 갈비탕으로도 충분했던 음식 접대도 이제는 3만 원을 훌쩍 넘기는 뷔페가 대부분이고, 반지에는 작더라도 다이아몬드가 박혀 있어야 성에 찬다. 앨범 한 권으로 남을 웨딩 촬영에도 몇 백만 원이 들고, 한 번 입고 말 웨딩드레스를 빌리는 데도 한 달 봉급을 써야 한다.

그러나 이 많은 비용을 젊은 부부가 감당할 수 있을까? 한국보

건사회연구원이 신랑 및 신부, 양가 부모 각 200명씩 총 1,200명을 대상으로 한 조사에 따르면, 신랑의 부모 중 50%이상이 8,000만 원 이상을 지출했고 10명 중 1명은 2억 원 이상을 지출하였다. 여자의 부모 중 70% 정도는 6,000만 원 이하를 지출한 것으로 나타나 아들이냐 딸이냐에 따라 부모가 지원하는 결혼 비용에 차이가 있었지만, 어쨌든 양가 부모의 절반 이상이 자녀의 결혼식 비용을 지원하는 데 심리적으로 큰 부담을 느꼈다고 답했다.

집값 상승도 중요한 원인이겠지만 웨딩산업이 성장하며 지출의 연쇄 작용이 일어나, 해를 거듭할수록 결혼 비용은 점점 커져 간다. 덩달아 업계에서 제시하는 가격도 높아졌다. 쓰는 돈은 많아졌지만 더 이상 그 누구도 자신의 결혼식을 특별하게 생각하지 않는다. 결국 자금을 조달해 준 은행과 웨딩업체의 배만 채워 주는 꼴이다. 도대체 왜 이렇게 엄청난 비용을 치르며 결혼을 해야 하는 걸까? 규모를 줄이고 불필요한 격식과 체면을 포기하는 결혼식은 불가능할까? 어떻게 결혼식을 치를지가 아니라 어떻게 함께 잘 살아 갈 것인지를 고민해야 하는 게 아닐까? 입학식보다는 학교 생활을, 입대식보다는 군대 생활을, 입사식보다는 직장 생활을 잘하는 게 중요한 것처럼 말이다.

2013년, 가수 이효리와 이상순은 제주도의 신혼집에서 지인들만 초청해 결혼식을 올렸다. 결혼식을 앞두고 그녀는 자신의 팬카페에 아래와 같은 글을 남겼다.

"양가 부모님과 형제들만 모인 자리에서 같이 식사 한 끼 하며 상견례 겸 결혼을 할 예정입니다. 예전부터 작고 조용한 결혼식을 하고 싶은 바람이 있었어요. (중략). 일생에 한 번뿐인 중요한 날이기에 의미 있는 시간을 갖고 싶습니다."[41]

2015년에는 배우 이나영과 원빈이 강원도 정선의 밀밭에서 아담한 결혼식을 올렸다. 인터넷에는 그들의 결혼식 비용이 110만 원밖에 안 된다는 소문이 돌았다.

이들이 연예인이라서 그랬을까? 물론 결혼식에서까지 기자를 만나 인터뷰를 하는 건 별로일 수도 있겠단 생각이 든다. 자신들의 이미지를 더 좋게 만들어 줄 거라 믿어서 그랬을까? 아니면 정말 특별하게 보이려고 유난을 떨었던 걸까? 그 답은 당사자들 외에는 누구도 알 수 없다. 그러나 이런 작은 결혼(Small Wedding)이 결코 유명인들만의 이야기가 아니라는 것을 알아야 한다.

해외 신혼여행을 포기하고 웨딩 촬영을 셀프로 진행하며 절약한 비용 100만 원을 어려운 이웃에게 써 달라며 기부한 20대 부부[42], 관공서가 제공하는 대관료 6만 원대의 홀을 빌려 콘서트 형식으로 결혼식을 치른 평범한 회사원 부부[43], 일반 화분으로 꽃 장식을 대신하고 뷔페 대신 도시락을 준비해 서울의 한 공원에서 '소풍결혼식'을 올린 제주도 부부[44]의 이야기는 우리가 알고 있던 결혼식의 의미를 다시 생각하게 한다. 여성가족부는 2015년 12월, 그동안 부실하게 운영했던 '작은결혼정보센터' 홈페이지를 대대적으로 보수해 작은 결혼 문화가 정착되는 데 앞장 설 것을 다짐했다. 같은 달 출범한 '검소한혼례운동본부는' 사회 지도층 인사들부터 작은 결혼 운동에 동참해 달라고 호소하고 있다. 서른 명가량의 국회의원을 비롯하여 수명의 장관, 대학교 총장 등이 자녀의 결혼식을 검소하게 진행하겠다고 서명했다.

우리가 당연하게 생각했던 최신 전자제품과 가구, 친구들의 부러움을 사기 충분한 고가의 예물, 선물이라기보다 양가 부모의 어깨를 짓눌렀던 예단, 사회적 평판을 결정한다고 믿었던 많은 하객들은 체면과 격식 때문에 포기할 수 없었던 껍데기가 아니었을까? 예식이 끝나기도 전에 다음 예식의 신랑신부가 입장하기를 기다리고 있고 복잡한 인파에 밀려 정신없이 피로연을 마치는 우리들의 결혼 풍속이 이젠 바뀌어야 하지 않을까? 그렇게 된다면 전화 한 통도 없이 올 사람은 오라는 식으로 SNS 청첩장을 보내는 일도, 계좌번호가 쓰인 청첩장을 받고 씁쓸해 할 일도 없을 것이다.

2015년 1월 14일, 세계적인 암벽등반가 토미 콜드웰은 무려 19일 간 암벽에 매달려 사투를 벌인 끝에 914m에 이르는 '여명의 벽'을 맨손으로 등반한 최초의 인물이 되었다. 그런 그는 사랑하는 암벽 등반을 위해 무엇을 포기했을까?

2001년, 콜드웰은 인테리어 공사를 하다가 왼손 검지가 절단되었다. 다행히 성공적인 접합 수술 덕에 손가락을 사용할 수 있었지만 예전 같은 힘을 발휘할 수 없다는 것은 분명했다. 손가락 하나로 홀드를 잡고 암벽을 올라야 하는 그에게 힘없는 손가락은 걸림돌이었다. 그는 붙어 들어가던 손가락을 다시 떼어 내기로 결심했다. 기구나 장비도 없이 9개의 손가락만으로 제2롯데월드 높이의 두 배에 가까운 암벽을 오르는 토미 콜드웰이 암벽등반가라는 꿈을 지키기 위해 포기한 것은 바로 손가락이었다.[45]

당신은 꿈을 위해 무엇을 포기할 수 있는가? 손가락을 바쳐서라도 가고 싶은 길이 있는가? 죽어서라도 이뤄야 할 목표가 있는가? 한 단체가 학생들에게 물어본 질문으로 바꿔 묻겠다. 만약 당신에게 10억 원이 생긴다면 죄를 짓고 1년 정도 감옥에 가도 괜찮은가? 이 질문을 받은 중학생의 39%, 고등학생의 56%는 그럴 의향이 있다고 답했다.[46] 돈을 위해서라면 정의는커녕 개인의 양심도 버릴 수 있는 사회, 자기 하나만 잘 먹고 잘 살면 된다는 생각이 지배하는 사회를 어린 학생들에게 물려준 것 같아 부끄럽고 미안했다. 동시에 두려웠다. 고작 10억 원에 양심을 포기하겠다는 아이들에게 200억 원을 제시하면 이들이 영혼을 판 뒤 지옥의 문지기가 되지 않으리라는 법도 없다. 오늘날 우리 사회에서는 돈이 모든 것을 버리고 좇을 만한 목표가 되었다.

그러나 어떤 사람은 작은 약속 하나를 지키기 위해 200억 원을 포기하기도 한다. 그는 팬들에게서 받았던 사랑에 보답하기 위해 안정된 생활은 물론이고 최고 선수들과의 훈련, 최고 리그에 속해 있다는 자부심, 전 세계적인 관심을 포기했다. 그는 바로 일본프로야구의 투수인 구로다 히로키이다.

메이저리그의 성공한 일본인 투수 중 한 명이었던 구로다 히로키는 2014 시즌까지 뉴욕 양키스에서 뛰었다. 그해 계약이 종료되면서 FA 자격을 얻은 그는 몇몇 팀으로부터 연봉 1,800만 달러, 우리 돈 약 200억 원을 제안 받았지만 "이제 카프로 돌아갑니다."라는 말만 남기고 돌연 일본으로 돌아갔다. 그는 왜 200억 원을 포기했을까? 카프로 돌아간다는 말은 무슨 뜻일까?

1996년, 구로다는 히로시마 도요 카프Hiroshima Toyo Carp에서 프로생활을 시작했다. 카프에서 꾸준히 실력을 쌓은 그는 2005년 퍼시픽리그 최다승 투수를 차지했고, 13승 6패로 방어율 1.85를 기록한

2006년에는 FA 자격을 얻었다. 연봉 대박을 터뜨리는 것은 물론 입맛 따라 팀도 고를 수 있을 만큼 충분히 좋은 성적이었다. 그러나 그의 팀 카프는 시민의 세금으로 운영되는 시민구단, 자본이 없으니 잡고 싶어도 그를 잡을 수가 없었다. 카프의 에이스를 떠나보내야 한다는 사실을 알았던 팬들은 그해 마지막 선발 등판한 구로다를 목청껏 응원했다. '구로다'를 외치는 구호가 연신 경기장에 퍼졌고, 등번호 18번이 큼직하게 쓰인 깃발이 펄럭였다. 오직 그만을 위한 대형 플래카드가 관중석을 채웠다.

"우리는 지금까지 함께 싸워왔다. 미래에 빛나는 그날까지도 그대가 눈물 흘린다면 그대의 눈물이 되어 주리라. 카프의 에이스! 구로다 히로키!"

놀랍게도 구로다는 그해 FA를 선언하지 않고 카프에 남았다. FA 자격을 얻자마자 엄청난 계약을 맺으며 뒤도 돌아보지 않고 떠나는 여타 선수들과는 달랐다. 계약 기간 중 언제라도 메이저리그 도전을 허락한다는 전제 하에 그는 카프와 다시 4년을 계약했다. 그는 "다른 구단의 유니폼을 입고 히로시마 선수와 팬들을 상대로 공을 던진다는 것은 상상도 할 수 없다. 나를 여기까지 키워 준 것은 카프다. 그 팀을 상대로 내가 힘껏 공을 던질 자신이 없다."고 밝혔다. 그리고는 카프에서 1년을 더 보낸 뒤 메이저리그로 떠났다.

이후 메이저리그에서 일곱 시즌 동안 정상급 선수로 활약한 그는 FA 자격을 얻으며 다시 고국으로 돌아왔다. 일본을 떠나면서 했던 "언젠가 돌아와서 꼭 보답하고 싶다"는 약속을 지키기 위해서였다. 더 늦기 전에, 아직 좋은 공을 던질 수 있을 때 카프로 돌아가 보답하고 싶었던 것이다. "이제 카프로 돌아갑니다." 이 짧은 메시지에는 약속에 대한 그의 철학이 담겨 있다. 그에게는 자신을 아끼는 팬과 팀에 대한 신의를 지키는 것이 연봉이나 성적보다 더 소중했다.[47]

국내에서도 비슷한 사례가 있었다. 코리안 특급 박찬호 선수는 메이저리그 생활을 정리하고 2012년 국내로 복귀하며 당시 입단을 협상하던 한화에 백지 계약서를 내밀었다. 아마추어 야구 발전에 뜻이 있던 박찬호 선수의 의중을 헤아린 구단은, 규정상 최소 연봉인 2천 4백만 원에 입단계약을 체결하고 보장금 4억 원 등 6억 원을 아마추어 야구 발전을 위해 기부했다. 전성기를 구가하던 2001년 무렵 박찬호 선수의 연봉은 무려 152억 원에 달했다. 당시 한국프로야구 선수 전체 연봉의 75%에 달하는 금액이었으니 그 위상을 짐작할 만하다. 국내로 복귀 전 머물렀던 일본에서도 20억 이상을 받았으니 한화에서 주는 연봉 2천 4백만 원은 없는 돈이나 마찬가지였다.

벌 만큼 번 사람이니 그럴 수 있다고 생각할지도 모르겠다. 돈이 많아 본 적이 없어서 잘 모르겠지만, 돈이 많아진다고 욕심이 줄거나 남을 배려하게 되는 것은 아닌 듯하다. 막대한 자산을 보유하고 있으면서 몇 톨이라도 잃을까 전전긍긍하는 부자들이 얼마나 많은가. 최고급 수입차를 몰고 시가 80억 저택에 살면서도 세금을 내지 않는 상습고액체납자는 2천 명을 훨씬 웃돈다. 2015년 기준, 이들이 내야 할 세금은 무려 3조 7천억 원에 달한다.[48]

자신의 꿈을 위해 손가락을 포기하고 장애인이 된 암벽등반가, 다시 돌아오겠다는 팬들과의 약속을 지키기 위해, 황폐한 야구의 인프라 개선을 위해 엄청난 돈을 포기한 야구선수. 이들의 이야기는 비현실적으로 들릴지 모르겠으나 그들도 우리와 같은 곳에서 함께 호흡하며 살고 있는 이웃이다. 당신은 무엇을 포기할 수 있는가? 포기할 준비가 되었는가?

비즈니스에서도 통하는 포기 전략

위대한 기업들이 부침을 거듭하면서도 살아남는 이유는 핵심 사업을 괄시하지 않기 때문이다. 반면 찰나의 성공을 뒤로 하고 사라져 간 기업들은 자신에게 성공을 가져다 준 핵심 사업에 싫증을 느끼고 익숙하지 않은 사업에 뛰어들거나 무리하게 사업을 확장하는 경향이 강했다. 핵심 사업은 말 그대로 자신을 가장 돋보이게 해 주는 엔진이다. 그러나 때로는 반대로 핵심을 포기하는 일이 비즈니스의 성공에 결정적인 영향을 미치기도 한다.

2012년 7월 15일에 게시되어 이 글을 쓰고 있는 2016년 1월을 기준으로, 3년 6개월 동안 무려 24억 9천 7백만 번이라는 가장 높은 조회수를 기록한 유튜브 동영상은 무엇일까? 바로 싸이의 강남스타일로 하루 평균 2백만 번이 재생되었다. 부연 설명이 필요 없을 만큼 유행한 강남스타일은 어떻게 전 세계인의 사랑을 받을 수 있었을까? 불황기 소비자들의 욕구를 꿰뚫은 콘텐츠 자체의 신선함, 유튜브와 트위터라는 강력한 네트워크, 미국의 연예기획자 스쿠터 브라운과 같은 유명인들의 입소문 등 많은 요인이 있지만, 음악인에게는 핵심 사업이라고도 할 수 있는 저작권 수입을 포기한 것도 적지 않은 영향을 미친 것으로 보인다.[49]

음악비디오서비스 스타트업인 뮤즈어라이브 이성규 대표는 강남스타일의 확산에 여러 가지 형태의 패러디물이 큰 영향을 미친 것으로 분석했다. 패러디물은 네티즌들의 관심을 끌어 원 저작물의 확산에 큰 영향을 미칠 수도 있지만, 제작 과정에서 음원을 무단 사용하는 등 저작권을 침해할 수도 있어 국내에서는 이런 부분을 엄격하게 제한해 왔다. 저작권자들도 자신의 창작물이 무분별하게 왜곡되는 것에 회의적이었다. 하지만 싸이는 강남스타일을 패러디한 여러 영상물에 유연한 입장을 취했고 급속도로 제작 및 유통되던 패러디물은 아무런 제약 없이 SNS를 통해 확산되었다.

사실 비즈니스에서 포기는 매우 중요한 전략이다. 전망이 어둡다면 지금 성공적인 가치를 창출하는 사업도 아쉬워하지 말고 과감하게 포기해야 한다. 전 세계에 제품을 공급하는 글로벌 기업 필립스도 간판사업을 포기한 뒤에야 수렁을 벗어나 부활의 신호탄을 쏘아올렸다. 지금은 의료기기, 조명, 라이프스타일 가전으로 유명한 필립스는 원래 가전제품과 반도체를 생산하는 회사였다. 카세트테이프와 CD를 개발하며 전성기를 구가했던 1960년대와 1970년대에는 오늘날의 애플에 견줄 수 있을 만큼 혁신적인 기업이었다. 그러나 1980년대에 접어들며 한국, 일본, 대만의 추격으로 입지가 좁아지기 시작하다가 1996년에는 무려 3조 9천억 원의 적자를 기록할 정도로 무너졌다. 이때 필립스가 선택한 것이 바로 그들의 간판이자 심장이었던 가전제품과 반도체를 포기하는 것이었다. 이후에는 의료기기, 조명, 라이프 가전으로 사업구조를 개편해 현재에 이르렀다. 그러나 이들의 핵심 사업 포기는 끝나지 않았다. 2015년 3월에는 필립스의 창설 때부터 포기하지 않았던 조명사업도 매각했다. 이들은 지속가능한 성장을 위해 포기를 주저하지 않는다.

이런 포기의 경영은 필립스만의 것이 아니다. 인텔이 주력이었던 메모리 사업을 포기하고 마이크로프로세서 사업으로 구조를 개편한 것, IBM이 컴퓨터 하드웨어를 생산하는 기업에서 소프트웨어를 개발하고 정보서비스를 제공하는 기업으로 변신한 것, 듀폰이 화학·섬유 회사에서 식량 및 바이오 회사로 정체성을 바꾼 것, GE가

가전이 아닌 의료기기 회사로 거듭난 것 모두 핵심 사업을 포기하는 치열하고 고통스런 과정을 거쳤기에 가능했다.

물론 이 일은 결코 쉽지 않다. 단물이 흘러나오는 꿀단지를 버리는 일에는 대단한 용기가 필요하다. 하지만 저작권을 포기하며 미국을 비롯한 세계무대로 진출할 수 있었던 싸이, 핵심 사업을 과감하게 정리하면서 수렁에서 탈출하고 새로운 성장 동력을 찾을 수 있었던 필립스의 사례에서 우리는 중요한 질문들을 떠올려야 한다. 우리가 집념이라는 이름으로 포장하고 집착하는 것은 무엇인가? 집착하는 그 일을 절대 내려놓아서는 안 된다고 확신하는 근거는 무엇인가? 그 집착이 지금의 나를 고통스럽게 함에도 불구하고 포기하지 못하는 이유는 무엇인가?

포기하고 나니 인생이 달라졌다

2015년 대한민국을 석권한 최고의 베스트셀러는 아들러 심리학 열풍을 일으킨 《미움 받을 용기》였다. 책의 저자인 기시미 이치로는 자신의 책이 한국 독자들의 마음을 사로잡은 이유를 다음과 같이 설명했다. "독자들이 책을 통해 자신의 생각이 틀리지 않았음을 확인하고 자신의 인생을 살아가는 용기를 낼 수 있게 됐다는 점이 인기

비결 같습니다."[50]

그의 말에서 알 수 있듯이 한국 사람들은 자신의 생각을 숨기고 다른 사람의 생각을 따르는 데 익숙하다. 좋게 말하면 개인보다는 전체, 개성보다는 조화를 생각해서이지만 따지고 보면 남의 눈치를 보는 것이다. 그러니 자신의 생각을 먼저 꺼내지 않는 사람이 많다. '내 생각이 맞는데…'라고 생각하면서도 자신의 생각을 접기 일쑤다. 이런 상태에서 사람을 대하다 보니 어찌 마음이 편했겠는가. 그런데 《미움 받을 용기》가 나타나 쩍쩍 갈라진 가슴에 연고를 발라 준 것이다.

많은 사람들이 다른 사람에게서 인정을 받지 못하는 것, 특히 미움받는 것을 견디지 못한다. 오히려 그런 것에 초연한 사람을 어울리지 못하는 사람, 유연하지 못한 사람, 뭔가 문제가 있는 사람, 조직에서 분란을 일으키는 사람이라며 주홍글씨를 새긴다. 이들은 이런 식으로 사람들을 평가해 오거나 또 상대방으로부터 대접받아 왔기 때문에 미움받지 않는 것도 하나의 능력인 마냥 신봉해 왔다.

그러나 《미움 받을 용기》가 잉크 마르기 무섭게 팔려 나간 걸 보면, 누군가에게는 성공의 열쇠였을지 모를 이런 믿음이 적지 않은 사람들에게 스트레스의 요인이 되었음을 알 수 있다. 그들이 용기를 내어 행동을 바꿔 나갈지는 분명하지 않지만, 자신의 생각이 틀리지 않았고 오히려 비슷한 사람이 많다는 사실에 큰 힘을 얻었을 것임은 분명하다.

미움받을 용기란 모든 이에게 인정받아야 한다는 욕구를 포기하는 것이며 그런 결정에 대해 신념을 갖는 것이다. 자신의 철학과 가치관에 따라 삶의 주인으로 살아가는 것, 이것이 바로 진정한 인생이며 행복이 아니겠는가.

나는 오래전부터 삶의 중요한 질문을 스스로 발견하고, 경험과 사유를 통해 건져 올린 자신만의 답을 찾아야 한다고 믿어 왔다. 비교적 최근에야 아들러를 알게 되었지만 꽤 오랜 기간 축적된 내 생각은 그가 말한 '용기'와 크게 다르지 않다고 생각한다. 인간은 조화와 균형을 따르지만 철저히 고독하고 독립적일 수밖에 없다. 우리는 사랑하는 이의 고통과 죽음 앞에서도 밀려오는 졸음을 참지 못하는 존재가 아니던가. 그것이 인간의 본질이며 본성이다. 그러므로 자신이 스스로 찾은 답, 그리고 그것을 지킬 수 있는 용기는 반드시 필요하다.

성공한 사람들은 꿈을 단단히 붙잡고 절대 포기하지 않았다고 말한다. 거기에 모든 걸 쏟아 부어서 지금의 자신이 되었다고 한다. 확신에 찬 그들의 목소리는 감동적인 성공스토리를 진리처럼 받아들이게 만든다. 그러나 내 주변의 100명에게 맞는 방법이라 해도 나에게는 맞지 않을 수 있다. 아들러가 말한 용기, 곧 내가 말해 왔던 질문은 바로 이런 맥락이다.

오랜 고민 끝에 결정한 진로는 정말 나의 길일까? 확신에 찬 그 길을 포기하지 않는 것이 바람직한 선택일까? 주변의 기대, 사정을 모르는 수많은 사람들의 사소한 관심은 안정적인 수입, 정년 보장, 전망, 복지 등의 비교 우위를 앞세우며 일말의 질문조차 나오지 못하게 한다. 하지만 미움받지 않으려고 질문할 용기조차 갖지 않는다면 우리는 타인의 삶을 살아갈 뿐이다. 그 속에 나는 없다.

> "시력을 잃고 가장 먼저 '오케스트라 지휘자'라는 꿈이 생겼었죠. 꿈을 위해 피아노를 치면서 15세 때 운 좋게 미국 유학 기회도 잡았습니다. 하지만 고교 시절, 처음으로 제 꿈에 대한 회의가 들었어요. 음악을 좋아하지도 않으면서, 음악에 감동을 느끼지도 않으면서 피아노를 치고 있더라고요. 꿈을 고집하는 것이 바보 같은 짓이 아닌가 생각했지요."[51]

9살에 녹내장과 망막박리로 시력을 완전히 잃은 신순규 씨의 이야기이다. 그는 20년째 미국의 월스트리트에서 애널리스트로 활동하고 있다. 수많은 모니터를 보며 정보를 분석해야 하는 일을 시각장애인이 하고 있다니 놀랍지 않은가? 그러나 사실 그의 출발은 피아니스트였다. 그의 첫 꿈은 부모님의 권유로 피아노를 시작하면서 가슴에 품었던 지휘자의 길이었다. 그러나 자신의 길이 맞는지 묻고 답하면서 음악과는 거리가 먼 하버드 대학교 심리학과에 진학했다. 이후에도 자신의 꿈에 대한 고민을 거듭하면서 물리학자, 의사, 대학교수 등의 길에 들어섰다 나오길 반복했다. 결국 MIT 박사 과정 중 기업의 장애인 고용에 관한 연구를 위해 일하기 시작했던 월스트리트에서 자신의 진정한 길을 찾을 수 있었다. 넘치는 정보의 바다에서 앞을 볼 수 없기 때문에 꼭 필요한 것만 찾을 수 있다는 게 그의 생각이다. 남들이 놓치는 소중한 가치가 오히려 그에겐 더 잘 보인다.

> "당대 최고 복서의 스파링을 보고 기가 질려 버렸다. 스피드, 파워, 회복력… 나와는 차원이 달랐다. 나는 아무리 열심히 해도 그렇게 될 수 없다는 걸 깨달았다."[52]

외할머니 손에서 자란 일본 오사카 변두리 출신의 권투선수에게 권투는 희망이었다. 실력이 점점 늘어 갔지만 최고를 만난 순간 그의 꿈은 깨졌다. 빛과 콘크리트의 건축가로 불리는 안도 다다오의 이야기이다. 그는 권투를 포기하고 고등학교에서 배운 인테리어 기술을 바탕으로 건축을 독학했다. 이후 전 세계를 돌며 건축가로서의 영감을 쌓아 올렸고 세계적인 건축가의 대열에 합류했다. 만약 그가 권투라는 꿈을 포기하지 않고 매달렸다면 그의 인생은 달라졌을 것이다. 우리는 콘크리트를 겉면에 노출시키는 참신한 건축물을 영영 보지 못했을 수도 있다.

"의대를 졸업하고 1년간 비뇨기과 레지던트까지 했지만 의료계로 다시 갈 생각은 없어요. 애니메이터 일이 재밌습니다."[53]

미국 애니메이션계의 양대 산맥인 픽사에서 일하는 김재형 씨는 의사가 되는 길목에서 유턴을 했다. 영화와 만화를 보며 자란 그는 의대에 진학한 이후에도 의사가 적성에 맞는지 심각하게 고민했다. 1년의 휴학을 하면서 관련 분야를 경험하기도 했던 그는 오랜 고민 끝에 스물일곱이 되는 해에 애니메이터로 진로를 바꿨다. 2016년 1월, 제작에 참여한 애니메이션의 홍보를 위해 한국을 찾은 그는 십여 년 전 자신의 결정에 대한 기자들의 질문에 이렇게 답했다. "집안의 우려는 있었지만 외적인 것보다는 직업에 대해 어떻게 생각하는지가 더 중요하다고 판단해 고민 끝에 결정을 내렸다."[54]

꿈을 포기하라는 말은 잔인한 고문이다. 힘든 하루를 버티는 건 이루고 싶은 꿈이 있기 때문인데 그것을 포기하라니 얼마나 매정한가. 하지만 엄밀하게 말하면 우리를 살게 하는 것은 꿈 자체가 아니라 꿈을 이룰 수 있을 거라는 '희망'이자, 그곳에 행복과 밝은 빛과 신선한 공기가 있을 것이라는 '기대'이며, 그때가 되면 모든 희생을 보상받을 수 있다는 '믿음'이다. 통계적으로 백 명 중 두 명밖에 합격하지 못했던 사법고시를 통한 판검사와 변호사, 3만 명 이상을 꺾어야 하는 공무원, 십 년 이상 보따리 장사를 해야 될 수 있다는 대학교수, 성골 출신만 바라볼 수 있는 장군계급장 같은 꿈은 힘든 오늘을 살게 하는 '희망', '기대', '믿음'을 줄 수도 있다. 그러나 가끔은 그 꿈이 진정 나의 꿈인지, 내가 걸어갈 길이 맞는지 물어봐야 하지 않을까?

내가 하면 로맨스, 남이 하면 불륜

'내가 하면 로맨스, 남이 하면 불륜'이란 말이 있다. 비난했던 어떤 행동이나 생각을 자신이 할 때는 나름의 이유가 있는 것으로 합리화하는 태도를 비꼴 때 하는 말이다. 집념과 집착도 이와 같지 않을까? 끈기를 발휘해 끝까지 밀고 나가야 하는지, 아니면 포기하고 새로운 기회를 모색해야 하는지 분별하는 것이 쉽지 않다는 말이다. 집념을 발휘하는 것이라고 믿었던 일이 다른 관점에서, 또는 시간이 지난 후 보니 집착에 불과했던 경우가 많다. 그래서 '내가 하면 집념, 남이 하면 집착'이란 말에도 일리가 있다. 상황을 여러 각도에서 바라보지 않고 주변의 조언과 충고에 귀를 열지 않으면, 집념이라 믿었던 껍질을 벗겼을 때 구질구질한 집착이 그 안에 자리 잡고 있다는 것을 결코 알 수가 없다.

집념은 역경, 장애, 난관 등을 이겨 내는 데 필요한 마음가짐이나 태도이다. 땀과 눈물을 흘리고 때로는 피를 보면서도 결코 포기하지 않는 것이다. 엄청난 정신적 고통 또한 이겨 낸다. 그래서 집념이 강한 사람은 거센 비바람에도 흔들리지 않는 바위 같은 인상을 준다. 올림픽을 앞둔 태릉선수촌을 떠올려 보자. 선수들은 모두 금메달을 따겠다는 강한 집념으로 어떤 혹독한 훈련도 끈질기게 버텨 낸다. 그러므로 집념은 누구에게나 권할 만한 아름다운 덕목이자 갖춰야 할 가치라고 할 수 있다.

그런데 집념은 집착과 교묘하게 맞닿아 있다. 나는 전작 《삶에 행복을 주는 시기적절한 질문》에서 〈원숭이가 쉽게 잡히는 이유〉라는 글을 통해 집착과 집념을 언급한 적이 있다. 인도네시아, 미얀마 등지의 원주민들은 원숭이의 손이 겨우 들어갈 만한 구멍을 파 놓고 그 속에 먹을거리를 놓아두는데, 음식을 발견한 원숭이가 그것을 움켜쥔 채 빼내려고 하면 손이 커져서 결코 빠지지 않는다는 이야기였다. 음식에 대한 집념은 자신을 사냥하려는 원주민이 다가오면서부터 집착으로 바뀐다. 미련을 버리지 못하고 집착한 대가는 바로 자유와 목숨이다.

어떤 이들은 성공하면 그 과정이 집념이고 실패하면 집착에 지나지 않는 것이라고 말하기도 하지만 내 생각은 다르다. 어떤 대상에 폭넓은 시야로 집중하면 그것은 집념이 되지만, 주변의 상황을 전혀 고려하지 않고 오직 그것에만 매달린다면 집착이다. 여기에서 중요한 것이 바로 개방성으로, 가치에 대해 열린 자세를 말한다. 목표를 이루기 위해서는 집념이 반드시 필요하다. 조금 어렵다고 포기해 버리면 아무 일도 해내지 못한다. 그러나 집념을 발휘할 때는 유념해야 할 것이 있다. 집념의 대상인 매력적인 목표는 너무나 눈부시기 때문에 자칫 소중한 가치들을 보지 못하게 만든다는 사실이다. 그 매력은 우리의 눈을 멀게 하고 오직 목표에만 집중하도록 한다. 갈망하던 목표를 달성하더라도 소중한 가치를 잃게 된다면, 더군다나 그러한 자신의 선택을 후회한다면 이것은 결코 집념이 대단했다고 볼 수 없다. 단지 목표에 집착했을 뿐이다.

그러므로 집념을 발휘하면서도 자신이 소중하게 생각하는 가치들에 대해서는 언제나 열려 있어야 한다. 원숭이가 음식을 아무리 좋아하더라도 자신의 목숨과 맞바꿀 만큼이었을까. 하물며 우리는 호모 사피엔스가 아닌가. 적어도 원숭이가 하는 실수를 따라하는 일은 없어야 하지 않을까.

집착은 어떤 것에 늘 마음이 쏠려 잊지 못하고 매달리는 것을 말한다. 집착은 미련보다 더 위험하다. 미련은 깨끗이 잊지 못하고 끌리는 데가 남아 있는 것을 말하기 때문에 이미 지나간 일에 대해서만 영향을 미친다. 그러나 집착은 과거나 현재뿐만이 아니라 미래의 일에도 개입한다. 자식에게 공부를 원 없이 가르치지 못해 미련이 남는다는 부모의 안타까움은 이해하지만, 사교육에 집착하는 것이 자신의 욕심 때문임을 깨닫지 못하고 '아이의 장래를 위해서'라고 말하는 학부모의 말은 이해하기 어렵다.

집착에 빠지는 것은 단순히 후회하거나 미련을 못 버리는 것보다 더 깊은 함정이다. 우물 안에서는 우물 밖을 보지 못하고 무성한 숲 속에서는 오히려 태양을 보지 못하는 것처럼, 관심과 신경이 어느 하나에 쏠리게 되면 우리는 다른 일에 눈을 돌리지 못한다. 그래서 집착에 빠져드는 것은 무덤에 들어가는 것과 다를 바 없다.

포기는

어떻게 약이 되는가

자기결정권을 되찾다

'결정'이라는 말은 양날의 검과 같다. 여기에는 여럿 가운데 무 엇을 선택하는 문제, 그리고 옳고 그름을 따지는 판단의 문제가 존 재하는데, 이 둘은 막대한 권한이면서도 고통을 유발하는 진앙이다. "스스로 목숨을 끊어야 하나, 아니면 커피를 마셔야 하나?" 철학자 이자 소설가인 알베르 카뮈의 말처럼 선택은 죽음의 순간까지도 우 리를 고민에 빠뜨린다. 나도 가끔은 엉뚱한 생각에 이를 때가 있다. 먼 훗날 임종을 지키는 자식들을 바라보며 이런 고민을 하지 않을 까? '숨이 멎은 뒤 오줌을 싸면 어떡하지? 잠깐 일어나서 소변이라

도 보고 와야 하는 거 아닌가?'

우린 늘 비교하고 대조하며 좀 더 나은 선택을 하려고 애쓴다. 그 과정이 즐겁기도 하지만 적지 않은 경우, 고민을 넘어 고통으로 이어지기도 한다. 이른바 선택의 과잉이 우릴 병들게 하는 것이다. 자동차를 예로 들면 국내 자동차 제조업체는 현대, 기아, 한국지엠, 르노삼성, 쌍용, 대우버스, 타타대우 등 7개이다. BMW, 아우디 등 국내에 수입되는 해외 브랜드까지 더하면 30개에 가까운 선택지가 생긴다. 경제력이나 브랜드에 대한 이미지가 영향을 주긴 하지만 선택의 폭이 넓어진 것은 부인할 수 없는 사실이다. 이뿐 아니라 불과 10년 전만 해도 차량을 인수하면서 일시불이나 할부로 대금을 결제하는 게 보통이었지만 요즘은 장기 렌트나 리스 등의 방법이 추가되었다. 종전까지 선택할 여지가 없던 문제도 이제는 고민을 거듭해야 할 선택의 대상으로 바뀌었다. 타고난 외모를 개선하는 일도 이제는 선택의 영역으로 들어왔다. 성형수술이 대중화되면서 자신의 외모를 적당한 수준으로 끌어올리는 것은 이제 일도 아니다. 뱃살, 쌍꺼풀, 턱, 치아, 코 등 원하는 거의 모든 부분의 개선이 가능하다. 이처럼 선택의 가짓수뿐 아니라 선택의 종목도 많아지고 있으니 선택해야 하는 일들은 가지가 뻗어나가듯 기하급수적으로 늘고 있는 실정이다.

'좋음과 나쁨', '좋음과 더 좋음'의 선택이 아닌 '옳고 그름'을 판단하는 문제는 더 어렵다. 많은 돈을 벌 수 있지만 그리 바람직한 일은 아닌, 그렇다고 법을 어기는 일은 아니지만 누군가에게는 억울한 결과를 안겨 줄 수도 있는 일을 앞둔 상황에서 당신은 어떤 판단을 내릴 것인가? 이를테면 키아누 리브스 주연의 영화 〈데블스 에드버킷〉에 나오는 부자들의 법률대리인이 거대한 조직의 힘과 정보력을 이용해 자신의 의뢰인이 범법자인 것을 알면서도 법정에서 승리를 차지할 때 갖는 고민이다.

이 문제는 가치 판단의 문제이다. 어떤 상품을 선택할 때는 보통 쓰임이나 용도를 따지지만, 일의 방향이나 태도를 결정할 때에는 자신의 철학이나 가치관이 개입된다. 그리고 이것은 인생의 목적과도 깊이 연결된다. 그래서 옳고 그름을 판단할 때 중요한 것은 주변의 의견이 아니라 자신의 생각이다.

우리는 아침에 눈 뜨면서부터 잠자리에 들기까지 끝없는 선택을 한다. 어쩌면 어떤 꿈을 꿀 지도 무의식중에 선택하는지 모르겠다. 그리고 이 과정은 영원히 눈을 감는 순간까지 이어진다. 수많은 선택 중에는 중요한 판단을 요구하는 것들도 있다. 출근길 지하철에서 성추행 당한 여성을 도울 것인지 회사로 향할 것인지, 일하고 있는 공장의 폐수를 하천으로 방류할지 해고를 감수하고서라도 잘못된 일이라고 직언할지, 국회의원이나 대통령 선거에서 누구에게 표를 던질 것인지 등은 고민이 필요한 일이다.

그런데 선택과 판단이라는 양날의 검을 휘두르는 우리는 심리적 고통을 감수하며 결정을 내리지만 그 결과는 받아들이지 않는 경향이 강하다. 심지어 자신은 아무런 결정권이 없다고 항변하기도 한다. 책임지지 않으려 한다는 말이다. 그러나 우린 늘 모든 것을 스스로 결정하고 있다. 내 마음대로 할 수 있는 것이 하나도 없다고 말하지만, 따지고 보면 우리는 모든 것을 자기 마음대로 하고 있다. 단지 스스로 결정하지 않았다고 변명거리를 찾을 뿐이다. 예를 들어 며칠씩 야근을 하거나 다른 부서의 업무를 떠맡는 것도 결국은 스스로 선택한 것이다. 건전한 불만을 제시하거나 밉상처럼 굴며 자신만 쏙 빠질 수도 있다. 노조를 활용해 근로기준법을 준수하도록 요구할 수도 있고, 퇴사나 이직도 하나의 선택이 될 수 있다. 자신의 가치관에 따라 이미 선택을 하고 있다는 말이다. 도둑이 칼을 들고 협박해도 지갑을 줄지, 싸울지, 도망갈지 결정하는 것은 결국 자신이라고 인정해야 한다.

삶이 팍팍하다고 느끼는 이유는 인생의 중요한 문제를 자신이 결정하지 못한다는 착각 때문이다. 원하는 선택지가 없을 수는 있어도 자신이 스스로 결정할 수 없는 경우는 없다. 그럼에도 불구하고 우리는 선택지가 과도하게 많거나 맘에 드는 선택지가 없다는 이유로 중요한 문제일수록 고민을 덜 하고 습관에 따르려는 경향이 강하다.

우리가 오랫동안 집착했던 문제를 포기하면서 얻게 되는 가장 큰 이익은 바로 잃었던 자기결정권을 되찾게 된다는 사실이다. 습관처럼 자신을 속박했던 일에서 자신을 분리시켜 놓는 데에는 대단한 용기가 필요하다. 그렇게 용기를 발휘하고 변화를 경험하면서 잊고 있던 자신의 결정권을 인식하게 된다. '아, 나에게도 선택권이 있구나. 뭔가를 결정할 수가 있었구나.'

　희미한 목적의식, 희박한 가능성에도 불구하고 집착했던 이유는 이미 투자한 노력과 시간이 아까워서가 대부분이며 혹시나 하는 미련 때문이다. 이제 와서 내려놓기에는 너무 멀리 와 버렸다며 불가역적인 운명의 힘도 들먹인다. 그러나 이 모든 것이 포기라는 선택 앞에서는 사라지고 만다. 그리고 앞으로 있을 수많은 선택과 결정 앞에서 자기결정권을 주도적으로 행사할 수 있게 된다.

내일이 아닌 오늘의 주인공이 되다

그 물이 흐르고 또 흐르고 끊임없이 흐르지만,
그러면서도 그곳에 언제나 존재한다.
언제나 똑같은 존재이며
그러면서도 매순간 새로운 것이다.

— 헤르만 헤세, 「싯다르타」중에서

우리는 아침이 되면 어김없이 떠오르는 태양을 보며 그것이 바다나 산 속이 아닌 다른 곳에서 오는 것인지, 아니면 늘 그곳에 있는데 새삼 아침이 되면 눈에 보이는 것인지 의식적으로 생각하지 않는다. 일상은 늘 그렇게 떠오르는 태양처럼 의식하지도 못한 채 우리의 삶을 채워 나간다. 연중 스크린을 달구는 스릴러물이나 차마 혼자 보기 부끄러운 뜨거운 러브스토리 속 이야기는 우리들의 삶에서 흔히 일어나는 일이 아니다.

오히려 우리의 인생은 아침의 태양처럼 잔잔한 일상으로 가득 차 있다. 언제 이렇게 자랐는지 모를 손톱을 깎고, 아차 하면 넘치고 마는 양치 컵에 물을 받는 일처럼, 때로는 눈인사만 하던 이웃이 건네주는 떡볶이나 파전을 맛보며 허기진 배뿐 아니라 메마른 영혼이 채워짐을 느끼는 일처럼, 또 가끔은 어느새 훌쩍 커 버린 아이의 복숭아뼈가 보일 정도로 짧아진 바지 밑단을 바라보며 지금을 놓치지 말자고 깨닫는 일처럼 말이다.

우리는 이처럼 평범하고 지루한, 가끔은 조금 특별하기도 한 일상을 살다가 생을 마친다. 그래서 사람들은 깜짝 놀랄 만한 일에서만 감동을 받는 것처럼 떠들어 대는지도 모르겠다. 주머닛돈을 가져가려는 속셈이 뻔해 그들이 자신 있게 내세우는 이벤트와 선물도 어느새 진부해졌는데 말이다. 그러나 우리의 일상은 헤세가 바라본 흐르는 강물처럼 늘 그곳에 있지만 매순간 새롭다. 내일을 살아 본 사람이 있는가? 반복될지언정 내일은 한 번도 경험하지 못한 새로운 하루이지 않은가.

목표는 목표에 이르는 과정을 좌우한다. 목표가 무엇이냐에 따라 1년, 한 달, 하루가 달라질 수 있다. 일상도 그렇게 바뀌어 간다. 올림픽에서 금메달을 노리는 선수는 하루 세 번의 훈련과 작전 구상, 수능을 앞둔 고3 수험생은 수업과 자습 그리고 가끔씩 책이 아닌 다른 곳을 보는 목 운동, 성공을 바라는 회사원은 이른 출근과 늦은 퇴근, 완벽을 기하는 업무, 쉬지 않고 이어지는 자기계발이 일상의 상당 부분을 채우게 될 것이다.

그런데 우리 삶의 대부분을 구성하는 일상이 특정 목표를 성취하기 위한 활동으로만 채워진다면 어떻게 될까? 미래의 어떤 시점까지 쾌락과 여유를 자제하고 목표를 이루기 위해 노력하는 것은 아무런 문제가 없을까? 이를테면 아래 그래프와 같이 일에만 집중하고 자신의 삶에 관한 부분은 일정 기간 유보하는 것처럼 말이다.

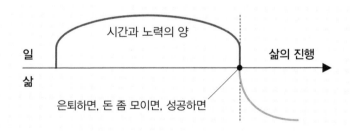

삶은 퍼즐 맞추기와 같다. 비극적으로 들리겠지만 늘 마지막 퍼즐을 맞추지 못하는 게 우리의 삶이다. '인생은 미완성'이라는 노랫말처럼 그림을 완성하기 위해 마지막까지 한 조각의 퍼즐을 더 찾는 게 삶인지도 모른다. 어떤 퍼즐 조각이 전체 그림에서 중요한 부분을 차지할 수는 있어도 다른 퍼즐 조각의 역할을 대신할 수는 없다. 삶의 모든 순간이 소중하고 저마다 역할이 있다는 말이다.

이 지점에 우리가 이제껏 범해 왔던 중요한 실수가 있다. 바로 미래를 위해 현재를 희생하는 것이 바람직하다는 생각이다. 아마도 심리학자 월터 미셸의 마시멜로 테스트 결과가 이런 믿음의 도화선에 불을 지피지 않았을까? 어린 시절 달콤한 마시멜로를 앞에 두고도 먹지 않았던 아이들은 그렇지 않은 아이보다 약 15년 뒤 SAT 성적이 높고 비만율도 낮으며 대인관계에서 좋은 모습을 보였다는 그의 연구 결과는, 현재의 만족을 미루는 것이 훗날 좋은 결과로 돌아온다는 논리의 이론적 배경이 되었다.[55]

그러나 자제력이 우리 삶에서 중요하다는 점은 인정하더라도, 자제력이 높았기 때문에 성공했다는 주장은 설득력이 떨어진다. 자제력 높은 아이들이 성공적인 어른으로 성장하는 과정에는 자제력 이외에도 수많은 요소들이 영향을 미치기 때문이다. 자제력과 성공 간의 상관관계가 아무리 깊다고 해도 자제력이 성공을 일으키는 필수조건이 될 수는 없다. 실제로 월터 미셸 교수가 마시멜로 테스트를 통해 진정으로 밝히고 싶었던 것은 자제력이 성공을 보장한다는 믿음이 아니라, 삶을 변화시키는 중요한 요인 중 하나인 자제력을 더 쉽게 발휘하는 구체적인 방법을 찾는 것이었다. 그러니 우리 아이가 참지 못하고 마시멜로를 먹었다고 해서 벌써부터 좌절할 필요는 없다. 자제력은 훈련에 의해 길러지기도 하며, 또 자제력 이외에도 성공적인 삶에 영향을 주는 요인은 많기 때문이다.

물론 목표를 이루기 위해서는 당장의 욕구를 억제해야 한다. 밤마다 TV를 보면서 좋은 성적을 기대하거나 초콜릿과 쿠키를 즐기는 사람이 날씬한 몸매를 바라는 것은 욕심이다. 가만히 앉아 있는데 감이 입으로 떨어지는 일은 없다. 적어도 입은 벌리고 있어야 하지 않겠는가.

문제가 되는 것은 현재를 담보로 잡은 채 미래를 살아가는 삶이다. 이들에게 오늘은 그저 내일을 위한 밑천일 뿐이다. 모든 것이 어떤 시점의 성취를 지향한다. 그때를 위해 현재를 희생하는 것이 당연하다고 믿으며 반드시 보상받을 수 있다고 생각한다. 이런 삶을 사는 이들에게 삶이란 한 장의 사진에 불과하다. 환희로 가득한 성취의 순간을 포착한 그 사진의 모음이 바로 이들의 삶이다. 그러나 만약 그런 순간이 너무 적다면, 혹은 경쟁이 너무 치열하거나 현실과 거리가 먼 목표라 환희를 경험하지 못한다면, 이들에게 남는 사진은 몇 장 안 되거나 아주 없을 수도 있다. 이런 태도를 버리지 않는다면 우리가 흔히 실패자라고 부르는 위치에 놓이게 되었을 때 아름다운 삶을 사는 것은 불가능하다.

무분별노력증후군을 벗어 버리고 집착하던 목표를 내려놓는 순간 우리는 미래가 아닌 현재를 살 수 있다. 늘 반복되는 지루한 일상으로 가득 찼던 하루가 한 번도 경험하지 못한 새로운 하루로 바뀐다. 이미 써 버린 청춘의 시간이 아까워 차마 포기할 수 없었던 꿈이 더 이상 앞날을 볼모로 오늘을 희생하게 만들지 않는다.

우리가 매일 마주하는 하루는 끊임없이 흘러가지만 언제나 변함없이 찾아온다. 언제나 같아 보이지만 늘 새롭다. 마치 헤르만 헤세가 바라본 강물처럼 말이다. 우리가 살아가야 하는 하루는 손에 잡을 수 없는 내일이 아닌, 내 몸이 서 있는 바로 오늘, 바로 지금이다.

또 다른 삶을 보다

군을 떠나 지금 사는 곳으로 옮기면서 고층에서만 살던 우리 가족은 1층으로 들어갔다. 부모가 주의를 주는 것만으로는 세 아들의 뜀박질과 레슬링을 적절히 관리, 감독하기 어렵고 층간 소음을 줄이지 못할 게 뻔했다. 아파트라는 환경에서는 아들 셋을 둔 게 죄가 되고, 또 아들 셋 있는 집 아래층에 사는 것도 죄라면 죄가 된다. 우리

부부는 모두를 고생시키느니 차라리 바닥으로 내려가 맘 편히 사는 길을 택했다.

덕분에 아이들은 맘껏 뛰어놀고 있고 친구들도 우리 집이 놀이터인 양 드나들게 되었다. 오가며 들르는 사람도 있고 물 마시러 오는 아이들도 있다. 1층에 살다 보니 청소하는 아주머니와도 친해졌고 무엇보다도 우리 동에 누가 사는지 남들보다는 많이 알게 되었다. 불편한 점도 있지만 다섯 식구 모두 대체적으로 밑바닥 생활에 만족하고 있다.

관점이 낮아지자 보이는 것도 달라졌다. 조금의 인내심만 발휘하면 창밖에 자리하고 있는 풀숲에서 씨앗을 쪼는 새들의 모습도 볼 수 있고, 날이 다르게 생기를 더하는 이름 모를 새싹이 어느 날 짠하고 꽃을 피우는 감동도 글과 사진으로 남길 수 있다. 노란 잔디가 녹색으로 바뀌는 과정은 물론이고, 나비가 이 꽃 저 꽃을 옮겨 다니는 장면도 이제 막 세상에 눈을 뜨기 시작한 막내아들과 함께 지켜볼 수 있었다. 돈 한 푼 안 들이고 편하게 집에 앉아 신기한 자연의 변화를 모두 볼 수 있다니 이 얼마나 축복인가.

비 오는 어느 여름날 밤에는, 보는 것뿐 아니라 듣지 못했던 소리도 많이 들을 수 있다는 사실을 알게 되었다. 삐리리 귀뚜라미 소리, 지르르 이름 모를 풀벌레 소리, 살랑살랑 나뭇잎 흔들리는 소리, 누군가의 배고픔을 달래려 야식 배달하는 오토바이 소리, 밤늦게 귀가하는 아저씨의 둔탁한 헛기침 소리. 아! 그리고 며칠 전 밤에는 빗방울이 땅바닥과 격렬하게 키스하는 소리도 들었다. 또, 찬바람이 부는 11월의 어느 날에는 아이들과 자전거를 타다가 집 앞 작은 동산에서 생각지도 못한 들꽃을 만났다. 주변은 모조리 시들어 무채색으로 변해 가는데 기어코 노랗고 하얀 꽃을 피운 게 안타까우면서도 대견했다. 저마다 전성기가 다르구나, 누가 알아주지 않더라도 결국에는 꽃을 피우는구나, 하는 생각이 들었다.

이 세상을 이루는 아름다운 장면과 소리들이 1층에 산다는 이유로, 조금의 여유를 가슴에 담았다는 이유로 나의 눈과 귀에 포착되었다. 그동안 알 길이 없었던 사소한 발견에 나는 밑으로 내려오길 잘했다며, 성공이 아닌 성장을 선택하길 잘했다며 지난 나의 결정에 박수를 보냈다.

나 역시 여느 직장인들처럼 일밖에 모르던 시절이 있었다. 다른 사람들이 눈을 뜨기도 전에 사무실 불을 켰고 모두가 이부자리를 펼 때 사무실을 나왔다. 그런 나를 아내는 하숙생이라고 표현했다. 심지어 팍팍한 야전을 떠나 대학원을 다닌 2년 동안에도 나는 연구실에서 살다시피 했다. 입학도 하기 전인 1월 초부터 연구실에 자리를 얻어 출근했으니 열정이 대단했다.

그렇게 살 때는 밑바닥에 살며 보고 들었던 그런 아름다움을 몰랐다. 매년 또는 매달 나에게 떨어지는 목표나 임무를 완수하는 데 집중했고, 오로지 장군이 되어 군을 키우고 집안을 일으키는 것이 나의 사명이었다. 올바른 리더가 되어 선한 영향력을 행사해야 한다는 뜻은 지금도 변함없지만 그때는 성공, 진급, 성과, 임무 완수, 성실, 희생, 솔선수범, 책임과 같은 가치가 나의 머리와 가슴을 가득 채우고 있었다.

내려갈 때 보았네
올라갈 때 보지 못한
그 꽃

/

노를 젓다가
노를 놓쳐버렸다
비로소 넓은 물을 돌아다보았다

—고은, 〈순간의 꽃〉 중에서

고은 시인의 깊은 통찰이 담긴 두 편의 짧은 시만큼 몰입의 역설을 잘 보여 주는 작품이 또 있을까. 오늘날 우리가 쟁취하려는 삶의 목표는 높은 산을 오르거나 힘겹게 노를 젓는 일을 할 때처럼 주변에 대한 사소한 관심조차 차단한다. 그렇게 더 나아지기 위해, 더 많은 것을 가지려고 전력 질주만 일삼다가는 경주가 끝났을 때 공황에 빠지기 쉽다. 사회·경제적 지위를 높여 주는 목표가 아니더라도 등산로에 핀 꽃이나 잔잔한 호수처럼 우리의 삶을 채우는 아름다운 그림은 많다.

우리가 삶을 대하는 태도는 크게 두 가지로 나눌 수 있다. 하나는 열정, 투지, 끈기, 집념을 발휘해 목표를 쟁취해야 한다는 입장이다. 이런 입장을 취했다면 상대를 때려 눕혀야 하는 권투선수처럼 늘 두 눈을 부릅뜨고 발을 굴려 카운터펀치를 노려야 한다. 주어진 인생을 최대한 성실하게 사용해야 한다는 게 이들의 마음가짐이다. 다른 하나는 일상의 여유와 낭만을 즐기자는 입장이다. 매일 경험하는 소소한 기쁨과 슬픔, 분노와 짜증 같은 모든 감정의 순간들이 곧 삶이고 인생이다. 주어진 하루를 천천히 곱씹으며 하루하루 달력을 넘기는 게 이들의 철학이다.

다소 극단적인 이 두 태도는 우리 모두의 내면에 잠재되어 있다. 때마다 어느 태도를 취할지는 어디까지나 자신이 결정할 문제이다. 열정과 끈기를 발휘하다가도 여유와 낭만이라는 안경을 쓰고 자신의 삶을 돌아보는 때가 필요하다. 어느 하나에만 너무 치중한다면 우리는 소중한 가치를 놓칠 수 있다. 여유만 찾다가는 한량처럼 아무것도 이루지 못하고 생을 마감할 수도 있고, 끈기만 발휘하다가는 건강, 가족, 사랑 같은 부분을 놓칠 수도 있다. 가슴 뛰는 일도 좋고, 자신의 적성에 맞아 잘 해낼 수 있는 일도 좋다. 그러나 열정과 끈기라는 가치만 신봉하다가 주변을 돌아보지 못하는 것은 아닌지, 기약 없는 성취의 날만 바라보며 채찍질만 가하고 있는 것은 아닌지 자문해 보자.

집착하는 목표를 포기하는 것은 집념, 열정, 끈기만이 정답이라 믿었던 우리에게 새로운 선택이 가져올 또 다른 미래를 보여 준다. 그 미래는 우리가 놓쳐 왔던 삶의 다른 면이다. 최대한 열심히 주어진 인생을 살아야 한다는 전제 하에서 삶을 영위해 왔다면, 포기를 통해 여유, 낭만, 만족과 같은 가치에도 눈을 돌려야 한다. 이것은 소위 성공한 자들만 누릴 수 있는 특권이 아니다. 해외의 낯선 휴양지에서 이국 음식을 먹어야만 느낄 수 있는 것도 아니다. 오히려 누구나 경험할 수 있고 늘 우리 곁에 존재하는 일상에 가깝다. 다만 삶에 대한 우리의 태도가 그것을 보지 못하게 했을 뿐이다. 포기하라. 집착했던 무거운 목표를 내려놓으면 알지 못했던 삶의 이면을 경험할 수 있다.

'함께'의 가치를 깨닫다

호기심은 고양이를 죽이기도 하지만 인간을 지구 밖으로 데려다줬다. 변화와 성장은 바로 그런 물음에서 시작된다. 그러나 이기심은 아무런 득도 없이 서로를 상하게 할 뿐이다. 상대를 조금만 배려하면 될 일에서도 자신만 생각하는 이기심이 발동하면 누구에게도 득이 되지 않는 결과를 초래한다. 앞서 소개한 죄수의 딜레마가 대표적인 사례가 될 것이다.

혼자만 잘 살겠다는 마음이 자라는 것은 무분별노력증후군의 대표적인 부작용이다. 얼마나 더 노력을 기울여야 할지도 모르는 상황에서 같은 자리를 놓고 경쟁하는 관계라면 상대에게 신경을 쓰기 어렵지 않은가. 자기 몫을 재빨리 챙기고도 모자라 혹시나 하는 마음에 하나라도 더 비축해 둬야 하는 게 오늘날 경쟁의 단면이다.

의심할 여지없이 매달려 왔던 목표를 내려놓을 때, 우리는 뜻하지 않게 내면에 잠자고 있던 이타심을 발견할 수 있다. 이때 우리는 나 혼자 잘 사는 것보다 함께 행복한 것이 더 낫다는 단순한 진리를 깨닫게 된다.

사회에서도 그렇지만 군에서는 진급을 앞둔 사람이 지휘관으로 부임하면 피곤해질 거라 예상한다. 좋은 평가를 받기 위해 부하들을 바짝 죄기 때문인데, 진급 여부가 공개되는 추석 즈음이 중요한 기점이 된다. 향후 복무에 임하는 자세가 '1년 더 노력해 보자'가 될 것인지, 아니면 '이만하면 충분히 노력했으니 좀 여유를 가지자'가 될 것인지 이때 결정되기 때문이다.

경험적으로 봤을 때는 마지막 진급 기회를 스스로 포기하는 사람과 한 번 더 도전하는 사람은 주변에 마음을 쓰는 정도가 달랐던 것 같다. 좋은 기운을 동료들에게 전하면 오히려 그 기운이 돌고 돌아 자신에게 돌아오지 않을까 생각할 수도 있지만, 실제로 진급을 앞둔 당사자들은 자기 하나 챙기는 것도 힘겨워했다. 혹시 사고에 휘말리지 않을까, 괜한 소문의 주인공이 되지는 않을까, 진급에 별 도움도 되지 않는데 할 필요 없잖아, 하는 생각에 위축되기 때문이다. 그러니 대인이었던 사람도 진급을 앞둔 해에는 소인배로 전락하기 쉽다.

더 높은 계급장이 눈앞에서 왔다 갔다 하는데 마지막 진급 기회를 포기하는 것은 쉽지 않은 일이다. 그렇다고 진급을 포기한 지휘관들이 대충 일한다는 말은 아니다. 빈틈없던 사람에게 여유가 생기면서 부하와 부대에 긍정적인 영향을 끼칠 수 있다는 뜻이다. 진급과 평가라는 목적으로 귀결되었던 일상의 모든 일들이 저마다 의미를 갖게 된다.

목표를 포기하면 적대적인 관계에 있던 상대방과도 협력할 수 있다. 심지어 총부리를 겨누는 전쟁 통에서도 더 큰 목적을 위해서는 각자 가졌던 목표를 버리게 된다. 게임이론의 권위자인 로버트 액셀로드 미시건 대학교 교수는 제1차 세계대전 당시 연합군과 독일군 사이에서 자발적으로 생겨났던 비정상적인 공전공영시스템에 주목했다. 전선이 고착되면서 전쟁의 양상은 지루한 참호전으로 바뀌었는데 이는 적군과 협력하게 되는 결정적인 환경으로 작용했다. 포탄을 교환하고 기관총을 갈겨도 사상자만 늘어날 뿐 어느 한쪽에 유리한 상황이 조성되지 않는 참호전은 적을 죽여 승리해야 한다는 목표를 의심하게 만들었다.

실제로 프랑스와 벨기에의 국경에 연하는 800킬로미터에 달하는 전선에서는 연합군과 독일군이 교전을 자제하는 일이 비일비재했다고 한다. 당시 연합군 장교들의 증언에 따르면 소총 사정거리에 독일군이 태연하게 걸어 다니는데도 사격하는 병사가 없었다. 특히 배식할 때와 비가 온 뒤에는 사격을 멈추는 일이 뚜렷하게 나타났는데, 주린 배를 채우고 더러워진 몸을 씻는 일은 피아를 떠나 기본적인 욕구를 해소하는 일이기 때문이었다. 전열이 흐트러진 이때가 오히려 공격에 유리할 수 있으나, 득 될 것이 없다는 것을 아는 이상 섣불리 협력 상황을 깨뜨리지 않은 것이다. 대신 이들은 매일 같은 시간, 상대 진영의 안전한 장소에 정확하게 포탄을 떨어뜨림으로써, 협력 상황을 깨고 먼저 배반한다면 가차 없이 응징할 수도 있다는 사실을 상기시켜 주었다.[56]

그들은 왜 피가 튀는 전쟁 속에서도 공존하고 공영하는 방법을 찾게 되었을까? 전쟁의 목적을 달성하려는 상부의 지시에 잠시 깨지곤 했지만 금세 다시 협력 상태를 회복시킨 이유는 무엇일까? 전선의 군인들에게는 국가의 이익보다 지금 당장 그들의 생명이 더 소중했기 때문이다. 아무리 죽여도 상황이 나아지지 않자 서로 죽이기를 포기한 것이다. 덕분에 그들은 목숨이라는 하나뿐인 가치를 지킬 수 있었고 가족을 만나 긴 여생을 즐길 수 있었다.

성공을 위해 달려왔던 자신을 의심하고 매달렸던 목표를 내려 놓는 순간, 우리의 시선은 주변을 향하게 된다. 보이지 않았던 그들의 삶이 보이고, 함께 행복한 것이 더 좋다는 사실에도 눈을 뜨게 된다. 혼자만 잘 살겠다는 목표를 포기하면 그때부터는 나 혼자가 아닌 우리가 된다.

문제를 보는 눈, 문제로 삼는 용기

밤하늘 고개를 들면 언제나 볼 수 있는 달은 아이들의 동화에 나오는 것처럼 귀엽고 포근하지만은 않다. 오히려 수많은 전설 속에서 음산한 기운을 발하며 오랜 기간 동양 문화권에서 음양의 한 축을 담당해 온 신비로운 존재이다. 또, 달은 공포영화의 주요 사건을 전개시키는 매개물로도 종종 등장한다. 늑대 울음이나 귀뚜라미 소리가 기분 나쁘게 깔리고 짙은 구름에 얼굴을 반쯤 가린 보름달이 달빛을 흘리면 관객들도 '아, 뭔가 일이 터지겠구나.'하며 마음의 준비를 한다. 이런 생각의 연결고리는 어쩌면 우리가 볼 수 없는 달의 뒷면 때문에 생긴 것이 아닐까? 인간이 볼 수 없다는 사실 자체만으로도 이야기에 신비로움과 기괴함을 더해 주기 때문이다.

태양계에 존재하는 160여 개의 위성 중에서 모행성의 크기와 비교했을 때 달만큼 큰 위성은 없다. 달의 지름은 지구의 1/4에 달할 정도로 그 크기가 큰데, 이 때문에 달은 모행성인 지구에 강력한 인력을 행사할 수 있다. 바닷물을 끌어당겨 밀물과 썰물을 만들고 이를 통해 지구가 조금 느린 속도로 자전하게 도와준다. 미미하긴 하지만 달이 없었다면 하루가 24시간보다 적었을지도 모르니 달에게 고맙다는 말이라도 해야 하나. 아무튼 그 대가로 자신의 자전 속도도 덩달아 느려진 반면 공전은 더 빨라져 사랑하는 지구로부터 조금씩 멀어지고 있다. 영원히 결별할 때까지 지구에 미치는 달의 영향은 사라지지 않을 것이다.

약 46억 년 동안 베일에 가려져 있던 달의 뒷면은 소련의 무인 탐사선 루나 3호가 사진을 찍어 보낸 1959년에 처음으로 세상에 공개되었다. 매끈한 앞면과는 달리 수많은 충돌의 상흔을 간직한 애처롭고 거친 모습이었다. 지구와 충돌할 수도 있었던 수많은 운석들을 온몸으로 막아 준 오랜 세월의 흔적이 고스란히 드러났다.

보이지 않는 것을 보는 순간 우린 많은 것을 깨닫게 된다. 음산하고 신비로운 달이 알고 보니 지구를 위해 자신의 몸을 던진 태양계의 논개였던 것처럼 말이다. 공포나 두려움보다는 오히려 희생이

나 배려와 어울린다. 지구를 맴돌며 따뜻한 앞면만 보이고 뒤로는 온
갖 고통을 감수하고 있는 게 자식을 걱정하는 어머니도 생각나게 한
다.

우리가 살면서 보지 못하는 것이 어디 달의 뒷면뿐이겠는가. 여
전히 우리는 많은 현상의 앞면만 보고 산다. 죽을 때까지 뒷면의 존
재 자체를 생각하지 못하는 사람도 있을 것이다. 보려고 하지도 않
고, 보고 싶어 하지도 않는다. 보이는 것만 믿고 보이지 않는 것은 상
상하면 그만이기 때문이다.

매달렸던 목표를 포기하면 우리 사회를 지배하고 있는 구조를
볼 수 있는 눈을 가질 수 있다. 평소에는 보이지 않았던 불합리한 모
습이 눈에 들어오기 시작한다. 목표를 달성하기 위해 부당한 구조를
감수해 왔지만 이제 그 구조에서 자유로워졌기 때문이다. 이제는 그
것을 문제로 삼을 수 있는 용기가 생기기도 한다. 누군가는 이런 태
도의 전향을 가리켜 '배신자'라고 말할 지도 모른다. 그러나 진정한
배신자는 누구인가? 부당한 줄 알면서도 자신의 입신과 양명을 위
해, 때로는 생계를 위해 그 부당함을 못 본 척하고 눈을 감는 사람이
아닐까? 자기 세대의 쓰레기 더미를 다음 세대에 그대로 넘기는 것
이 더 큰 배신이 아닐까?

2013년 5월, 남양유업 영업사원이 대리점주에게 폭언을 퍼부으
며 물건을 떠넘기는 음성 파일이 유튜브에 공개되면서 대기업의 '갑

질'이 사회적 문제로 불거졌다. 한 기업의 임원이 항공사 승무원에게 라면을 끓이라며 폭행한 사건과 제과업체 회장이 호텔의 주차요원을 폭행한 사건으로 대한민국이 이미 갑의 횡포에 분개해 있던 찰나였다.

남양유업 사태 이후 대기업의 부당한 거래를 고발하는 보도가 이어졌고 많은 피해자들은 거대한 조직과 맞서 싸웠다. 이들은 눈앞에 보이는 작은 이익들을 포기하며 단체를 조직하거나 때로는 홀로 대기업의 부당함에 맞섰다. 당장의 매출이나 회사에서 제안한 달콤한 제안들을 포기하고 나니, 남들 눈에는 지극히 상식 밖의 거래를 해 왔던 자신들의 현실을 폭로하고 거대 기업에 맞설 용기가 생긴 것이다.

공직자의 비리를 폭로하는 공익제보자들의 이야기도 달의 뒷면에 대한 우리의 관심과 용기가 부족함을 일깨워 준다. 이들은 우리가 보지 못하는 달의 뒷면을 만천하에 까발려 줬고, 알고 있으면서도 입 밖으로 내지 않았던 보통 사람들의 비겁함에 균열을 일으켰다.

그러나 우리 사회에서는 달의 뒷면을 보려고 하는 사람, 뒷면을 문제로 제기하는 사람이 여전히 많은 피해를 당하고 있다. 33명의 내부고발 경험을 담은 책《내부고발자 그 의로운 도전》을 보면 내부고발을 포기하는 것이 자신을 보호하는 최고의 방법이다, 내부고발은 진실이 아닌 증거의 싸움이다, 금전 피해·가족의 고통·인간관계 파

탄·건강 악화 등 불행한 일이 끊이지 않는다, 법에 의해 고용은 보호받지만 어떻게 해서든 징계 사유를 만들어 내보내려 할 것이다 등등 선배 내부고발자들의 안타까운 조언을 확인할 수 있다.[57] 우리는 아직도 부당함에 맞서 높이 들어 올린 그들의 손을 제대로 잡아 주지 못하고 있는 것이다.

대부분의 사람들은 많은 수입, 높은 직위, 부당한 대우에 맞설 적절한 권력, 사회적 인기 등을 바란다. 그러나 이것을 조금 포기하면 그동안 보지 못한 우리 사회의 불합리한 문제를 볼 수 있는 눈이 생긴다. 문제를 공론화할 수 있는 용기가 자라난다. 언제까지 달의 앞면만 보며 뒷면을 상상하기만 할 것인가.

포기도 하나의 선택일 뿐이다

기성세대들은 청년층의 실패와 좌절을 가만히 볼 수가 없다. 노력 하나만으로 잿더미의 대한민국을 이만큼 키워 놓았으니 그럴 만도 하다. 이분들이 아니었으면 오늘날 우리의 윤택한 삶은 불가능했다. 나 또한 아버지 세대의 노고에 진심으로 경의를 표한다. 그러나 성공의 요인을 노력으로 여기며 젊어서는 고생도 사서 한 이들에게, 청년들의 취업난은 그들이 여전히 눈이 높고, 고생을 덜했고, 씀씀이가 크고, 노력을 덜했기 때문에 나타나는 현상일 뿐이다. 능력이 부족하다고 자책하는 이들에게는 능력이 아닌 노력의 문제라며 한 발 더 나아갈 것을 주문한다. 헬조선, 금수저 운운하지 말고 현실에서 자신이 할 수 있는 것을 찾아 실천하라고 한다.

틀린 말은 아니지만 모든 상황에 어울리는 충고도 아니다. 노력도 때로는 병이 된다. 한정된 자리를 놓고 싸워야 하는 사람, 가능성이 극히 낮음에도 집념이란 이름으로 목표에 집착하는 사람, 또 그렇게 수십 년 세월을 보낸 사람에게는 조금 더 노력하라는 말이 오장육부를 태워 버리는 사약보다 더 치명적일 수도 있다.

이들에게 약이 되어 남은 삶을 새롭게 살아갈 수 있는 전환점이 되는 것은 오히려 적절한 포기이다. 앞에서 살펴본 것처럼 집착을 내려놓고 목표를 포기하는 것은 자기결정권을 회복시켜 주며, 오지 않은 내일이 아닌 바로 오늘, 지금 이 순간을 살게 해 준다. 또한 포기를 선택한 사람들은 당연하다고 믿었던 치열하고 열성적인 삶뿐 아니라 낭만을 즐기는 여유로운 삶도 존재한다는 사실을 깨닫게 된다. 포기는 나 혼자 잘 살겠다는 이기심을 지우고 모두가 함께 행복한 사회를 꿈꾸게 해 주며, 전에는 보이지 않았던 새로운 길, 새로운 기회를 볼 수 있는 새로운 눈을 갖게 한다.

포기도 하나의 선택이다. 우리는 의지가 부족한 사람이 자존심까지 무너질 때 선택하는 것이라며 포기를 터부시했지만, 포기도 우리가 고를 수 있는 카드 중 하나일 뿐이다. 애써 외면하고 멀리해야할 필요가 없다. 오히려 집념이라는 포장을 씌워 이룰 수 없는 목표에 집착하고 또 누군가를 집착하도록 만들었던 것은 바로 포기의 진정한 가치를 몰랐기 때문이 아닐까.

17년을 몸담은 군을 떠나기로 결심한 나에게도 포기할 것들은 많았다. 비교적 괜찮은 연봉과 복지 혜택을 포기해야 했다. 오랫동안 두었던 적(籍)을 지우자 더 이상 소속감을 가질 수가 없게 됐다. 나는 이제 무적(無籍)의 사회인이 된 것이다.[58] 사관학교 동기들과 공유할 수 있는 이야깃거리도 예전만 못 할 것이다. 가는 길이 다르니 공통의 고민거리도 줄어들게 되리라. 그런 면에서는 20년 가까이 같은 가치를 공유했던 수백 명의 사람들과 다른 방향으로 걸어가는 것에 대한 아쉬움이 크다. 나름 고위직으로 올라갈 자신도 있었다. 그 결과는 이제 알 수 없게 되었지만, 어쨌든 그런 가능성도 포기한 셈이다. 나는 이렇게 크고 작은 것들을 포기하기로 마음먹고 소령 진급 결과가 발표되던 날 육군본부의 인사담당자와 통화를 했다. 그리고 얼마 뒤 전역지원서를 제출했다.

선택이 끝없이 이어지는 삶에서 우리는 늘 어떤 선택을 했고 동시에 또 어떤 것을 포기하기도 했다. A를 선택했다는 것은 동시에 취할 수 없는 B를 포기했다는 것과 같은 말이다. 경제학에서는 포기한 B에서 얻을 수 있었을 가치를 기회비용이라고 한다.

귀에 딱지가 앉도록 들었던 말, 기회비용. 이 개념만 명확히 이해했어도 포기의 가치를 홀대하지는 않았을 것이다. 십 년 이상 사법고시만 준비한 사람에게는 20대와 30대가 없다. 그는 하루 8시간 이상 공부만 하며 합격의 가능성을 선택한 대신 젊음을 포기했다. 다양한 사회경험과 감정의 소통을 포기한 것이다. 오랜 기간 교수의 꿈을 찾아 시간강사로 일한 사람들은 다른 종류의 노동을 통해 벌어들일 수 있는 소득을 포기한 것이다. 야근을 밥 먹듯이 하는 고액연봉자들은 가족과의 시간과 저녁이 있는 삶을 포기한 것이고 때로는 건강을 포기하기도 한다. 부지불식간에 그렇게 되었다고 변명하는 사람들은 이미 쏟아 부은 시간과 노력을 포기하지 못한다. 선택은 더 견고해지고 포기는 더 어려워진다.

우리는 목표를 선택함으로써 그 뒤에 가려진 많은 가치들을 포기하며 살았지만 선택에는 포기가 뒤따른다는 사실을 간과했다. 이제는 접근법을 조금 바꿔 보자. 그동안 포기했던 가치들을 선택함으로써, 우리가 오랜 기간 집착해 왔던 목표를 포기하는 것이다. 더 이상 놓쳐서는 안 되는 소중한 가치를 잃지 않도록, 매달렸던 그 목표를 포기해 보자는 말이다. 포기도 결국은 하나의 선택일 뿐이다. 겁내지 말자.

약이 되는
포기의 6가지 조건

아들이 8살 때 이렇게 물은 적이 있었다. "아빠, 수학을 잘하는 게 좋아, 아니면 국어를 잘하는 게 좋아?" 나는 순간 '그야 둘 다 잘하면 좋지.'라고 하려다가 이렇게 반문했다. "넌 어떻게 생각하는데?" 그러자 아들이 하는 말이, "내 생각에는 수학을 더 잘하는 게 좋을 것 같아. 왜냐하면 숫자는 끝이 없으니까 아무래도 수학이 더 어렵지 않겠어? 더 어려운 걸 더 잘하는 게 좋지 않아?"라는 것이었다. 나는 이렇게 받아 줬다. "그런데 국어는 끝이 있어?" 다시 질문을 받은 아들은 이렇게 말했다. "응, 국어는 끝이 있어. 왜냐하면 글자가 몇 개 없잖아." 나는 "그럼, 오늘부터 수학 공부 열심히 하겠네?"라고 물었는데 이게 대화의 끝이 됐다. 왜냐하면 아들이 이렇게 답했기 때문이다.

"아니, 근데 난 국어가 더 좋아."

아들과의 짧은 대화에서 나는 자기결정성의 가치를 새삼 되새길 수 있었다. 아들은 어려워서 그럴 듯해 보이는 수학이 아니라 자기가 좋아하는 국어를 하겠다고 결정했다. 그 이유는 그냥 좋기 때문이다. 아들은 자기 연령에 비해 꽤 수준 높은, 이를테면 '경찰서의 반대말은 경찰앉아' 같은 언어유희를 어린 시절부터 즐겼고 지금도 말장난을 가장 좋아하고 잘한다. 인간은 무엇을 하겠다고 스스로 결정했을 때 잘할 뿐 아니라 즐겁게 할 수 있다. 지금은 아들의 말장난이 그야말로 장난에 불과하지만 나는 아들이 이런 즐거운 놀이를 통해 머지않아 깊은 통찰을 얻으리라 확신한다.

미국의 심리학자 에드워드 데시는 내면에서 우러나는 마음(내재적 동기), 행동이나 성과에 대한 외부의 보상·자극 등 환경적 요인(외재적 동기)을 종합적으로 고려하여 자기 스스로 대처하고 행동하는 존재가 바로 인간이라고 했다.[59] 그가 자기결정성(Self-Determination)이라 이름붙인 인지과정의 이러한 특징 덕분에 우리는 자기 스스로 결정했는지를 무의식적으로 항상 확인하는데, 이 과정에서 작은 간섭이라도 개입된 흔적이 발견되면 열정이나 의욕은 빛을 잃고 만다.

부모님의 쓴 소리에 공부할 마음이, 배우자의 잔소리에 함께 대화할 생각이, 직장 상사의 한심하다는 핀잔에 보고서를 마무리할 기분이 싹 사라진다. 그런데 이런 부정적 요인뿐 아니라 우리가 흔히 좋은 것이라 믿었던 금전적 보상, 칭찬, 격려, 승진 같은 긍정적 요인들도 일종의 간섭으로 작동해 오히려 효과와 효율을 떨어뜨리기도 한다.

에드워드 데시는 자신의 책《마음의 작동법》에서 이렇게 말했다. "질문을 조금만 바꿔 보자. '어떻게 하면 남들에게 동기를 부여할 수 있는가?' 이것은 좋은 질문이 아니다. '어떻게 해야 남들이 스스로 동기 부여할 수 있는 조건을 만들 수 있는가?' 바로 이것이 올바른 질문이다."

전반전을 크게 뒤진 선수들이 코치의 감동적인 연설에 힘입어 경기를 뒤집거나, 선생님이 당근과 채찍으로 학생들을 변화시키는 장면을 상상하며 우리는 누군가를 변화시키고 싶어 한다. 그러나 에드워드 데시의 오랜 연구에 따르면 스스로 동기를 부여할 때 창의성이나 책임감이 발현되며 지속성도 높다고 한다. 외부의 개입은 오히려 저항하려는 충동을 낳는다. 그러므로 참된 동기는 누군가가 주는 게 아니라 스스로 갖는 것이다. 인간은 당근과 채찍으로 쉽게 변하거나 움직이지 않는다. 어떤 과정을 거쳤든 결국 스스로의 판단에 따라 선택하고 결정한다. 이러한 인지과정을 받아들이고 그 과정을 주도적으로 이끄는 것이 중요하다. 포기를 선택할 때도 마찬가지다. 울며 겨자 먹기 식으로 어쩔 수 없이 행한 포기에서는 얻을 것이 없다. 상황에 내몰려 어쩔 수 없었다고 생각된다면 반전은커녕 상황을 개선시킬 가능성도 없을 것이다. 이런 포기는 더한 수렁으로 빠지는 악수(惡手)에 불과하다.

좋은 포기 여부를 가르는 첫 번째 기준은 바로 자기결정성이다. 중요한 것은 최악의 상황에 다다르기 전에, 포기 외에는 다른 선택권이 없는 상황이 오기 전에 스스로 포기를 선택하는 것이다. 그래야 조금이나마 자신의 의지대로 결정했다는 심리적 위안을 찾을 수 있다. 이 사실이 상황을 새롭게 바라보는 시작이 된다. 거기에서 모든 동기가 결정된다. 그리고 앞으로 벌어질 모든 일에 대한 두터운 책임감이 자랄 토양이 된다.

WHAT 목적인가 목표인가

목표와 목적은 혼동하기 쉬운 개념이지만 "두엇을 왜 하는가"라는 문장을 떠올려 보면 분명한 차이를 발견할 수 있다. 목표는 무엇(what)이고 목적은 왜(why)이다. 이를테면 호흡은 목표이며 산소공급은 목적이다. 취업은 목표이며 경제적 독립은 목적이다. 결혼은 목표이며 가정에서 안정감을 얻거나 후손을 남기는 것은 목적이다. 하나의 목표에는 여러 목적이 있을 수 있다. 동일한 일을 하더라도 사람마다 다른 의도나 생각이 있는 것과 같다. 마찬가지로 어떤 목적을 이루기 위해서 달성해야 할 목표도 하나 이상일 수 있다.

우리 인간의 가장 근본적인 목표는 무엇일까? 살아가는 것이다. 어떤 목표도 이것을 앞설 수 없다. 우리는 우선 살아가는 그 자체가 모든 목표의 으뜸이고 시작이라는 것을 인정해야 한다. 누구도 이를 부정할 수는 없다. '왜 사는가'라고 삶의 목적을 밝히는 일은 삶이라는 목표에서 가지를 친 두 번째 문제이다.

우리는 삶에 대해 진지하게 고민하는 데 익숙하지 않다. 오늘날, 삶의 목적을 대면하려는 노력은 불필요한 것으로 치부되고 있다. 많은 사람들이 '왜 사는가?', '삶에서 무엇을 얻으려 하는가, 또는 무엇을 남기려 하는가?' 같은 질문에 답하지 못한다. 하지만 분명하지도 않은 삶의 목적을 위해 또 다른 목표를 세우는 데는 익숙하다. 바로 여기에서부터 목적과 목표가 뒤섞여 '왜'와 '무엇'의 경계가 사라진다.

우리는 사람을 만나고, 사랑을 하고, 결혼을 하고, 자식을 낳고, 공부를 하고, 돈을 벌며, 때로는 서로를 시기하고 욕하며 싸우기도 한다. 이 모든 것이 결국에는 어떤 목적을 위해 일어나는 일들이며 또 동시에 하나의 목표가 되기도 한다. 하지만 삶과 삶의 목적에 대한 진지한 성찰 없이 출발한 목표들은 그 지향할 방향을 잃기 십상이다.

가족과의 시간도 포기하며 건강까지 망치고 인격체로 존중받지도 못한 채, 약간의 여유와 낭만조차 포기하며 얻고자 하는 것은 경제적 보상에 지나지 않는다. 물론 가족의 윤택한 생활을 위해 가족에게 충분한 자원을 공급하는 것이 삶의 목적이라면 나쁠 건 없다. 하지만 그렇지 않은 사람도 많지 않은가. 아닌 줄 알면서도 중단하지 못하는 게 오늘날 많은 사람들이 빠져 있는 딜레마이다.

우리는 지금 어떤 목적을 달성하기 위해 필요한 하나의 목표를 삶의 목표라고 착각하는 치명적인 실수를 범하고 있다. 본말은 뒤집어지고 주객이 바뀌었다. 그 결과 무엇을 왜 하는지가 분명치 않은 상태, 즉 목적의식 없는 일상이 우리의 삶을 채우게 되었다. 누구나 자신의 인생을 고민하지만 삶이라는 근원적인 목표에서 출발하는 그런 진지한 성찰을 하는 이는 드물다. 무엇이 자신에게 유리한지, 어떻게 그것을 이룰지 고민하는 데에는 많은 에너지를 쏟지만 자신의 삶에 그것이 왜 필요한지는 질문하지 않는다.

아무리 절망적인 상황에서도 삶이라는 목표를 포기하지만 않는다면, 다른 모든 포기는 하나의 목표를 포기하는 것에 불과하다. 그리고 그 목표를 통해 달성하려 했던 목적은 또 다른 수많은 목표를

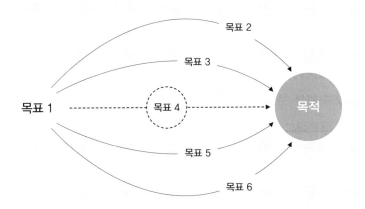

방법과 경로는 다양하다. 목표 일부를 포기해도 목적지에 도달할 수 있다.

통해서도 이룰 수 있다. 사회 정의를 실현하기 위한 길이 법조인이 되는 것 외에는 없는가? 지식을 탐구하고 진리에 이르는 길이 반드시 교수라는 직책을 필요로 하는가? 안정된 수입과 고용은 공직에서만 실현 가능한가? 국가 안보에 반드시 장군 계급장이 필요한가?

　목표의 당위성을 의심해 보면 다른 목표를 통해서도 애초의 목적을 달성하는 것이 가능함을 알 수 있다. 설령 자신이 걸어 왔던 길이 최적의 경로라고 해도 앞으로 더 많은 희생이 필요하거나 가능성이 희박한 상황이라면 차선의 방법을 찾는 게 더 현실적이다. 그것은 비겁하거나 의지가 박약한 게 아니라 목적이라는 보다 큰 그림을 그리기 위함이다.

좋은 포기인지 아닌지를 가르는 두 번째 기준은 바로 그 포기하려는 대상이 목적인지 목표인지를 따져 보는 것이다. 사실 대부분의 포기는 하나의 카드를 버리는 것에 불과하다. 그 카드를 통해 이루려 했던 목적은 여전히 유효하다. 목적이 분명하다면 그것을 이루게 해 줄 다른 목표는 얼마든지 있다. 다양한 관점에서 접근해 보자. '만약 ~'이라는 의문문을 통해 여러 가지 가능성을 타진해 보면 전에는 보이지 않았던 새로운 기회들이 보인다. 목적을 버리는 게 아니라 그저 하나의 목표를 달성하는 데 실패했을 뿐이라고 생각하자. '이 방법은 좀 어렵겠다.'하면 그만이다.

HOW 체념인가 결단인가

좋은 포기가 되기 위해서는 포기의 과정도 중요하다. 상황에 내몰려 이제 더 이상은 어렵다고 체념하는 것이 아닌, '그래, 이만하면 됐다. 다른 길을 찾자.' 같은 결단이 바람직하다. 지금 자신이 깊게 내쉬는 숨을 한숨이 아닌 심호흡이라고 생각하는 자세가 필요하다. 어떻게 바라보느냐에 따라 앞으로의 길이 달라진다.

이렇듯 좋은 포기의 세 번째 기준은 포기를 바라보는 관점이다. 더 이상의 가능성이 보이지 않는 상황에 굴복한 것인지, 아니면 우회로를 찾아 방향을 전환하겠다고 결단을 내린 것인지, 그 차이가 바로 포기의 가치를 결정하는 중요한 요인으로 작동한다.

스마트폰이 상용화된 지금은 여행 가방을 꾸리며 사진기와 필름을 챙기는 일이 드물지만, 2000년대 초까지만 해도 사진관에 들러 필름을 사고 사진기에 넣은 필름을 반대쪽으로 감아 놓는 일은 여행 전날의 일상이었다. 한 통에 스무 장 남짓 찍을 수 있는 필름을 5통씩 사곤 했는데, 겨우 100장에 불과한 사진도 당시에는 상당히 많은 양이었다.

요즘처럼 사진 삭제 기능이 있는 것도 아니고 필름에 한 번 새겨진 화면은 지울 수가 없었기 때문에 신중에 신중을 기해서 촬영을 했다. 인화되기 전까지는 결과를 알 수 없기 때문에 그때까지 기다리는 재미도 있었다. 아무 때고 사진기 앞에 설 수 있는 게 아니라서 사진을 찍을 때면 모두가 렌즈에 집중했다. 그런데도 눈을 감거나 초점이 흐트러진 사진, 다리나 머리가 잘린 흉물을 빼고 나면 사실 건지는 사진은 별로 없었다. 그래도 돌이켜 보면 아날로그적 감성이 묻어나는 그 시절의 사진기가 매력적이었던 것 같다.

그런데 그런 매력은 디지털카메라가 등장하면서 자취를 감추게 되었다. 필름 산업은 2000년을 기점으로 매년 20~30%씩 매출이 감소했다. 필름 업계의 양대 산맥이었던 노란통의 코닥과 녹색통의 후지필름은 디지털이라는 거대한 물결에 맞닥뜨렸다.

코닥은 1975년 디지털카메라를 최초로 개발할 만큼 첨단기술 개발에 선도적이었다. 그러나 자신들이 장악하고 있던 아날로그 필름 산업을 위협할 수도 있다는 생각에 디지털 억제 정책을 채택했다. 1970년대 후반에는 미국 필름시장의 90%를 점유할 정도였으니 당장의 밥그릇을 포기하는 게 쉬운 일은 아니었을 것이다.

반면 후지필름은 시대의 변화를 간과하지 않았다. '1위 코닥 타도'라는 목표를 버리고 새로운 목표를 세웠다. 바로 필름산업 탈출이었다. 지금이라도 디지털 시장에 뛰어들어야 한다는 목소리가 컸지만 이미 캐논, 니콘, 미놀타 같은 선두주자들의 경쟁력을 앞설 수 없다고 판단했다. 대신 후지필름은 그동안의 필름 연구를 통해 축적된 노하우를 활용하기로 했다. 의료기기, 화장품, 광학렌즈, 액정 패널 등을 제작하기로 한 것이다. 핵심 사업은 버렸지만 핵심 역량은 오히려 더 발전시킨 셈이다. 특히 후지는 필름을 연구하며 항산화기술을 발전시켜 왔는데 이 기술이 화장품과 접목되어 피부 노화 방지 화장품이 개발되기도 했다.

디지털의 물결에서 비틀거리던 2003년, 후지필름의 새로운 수장으로 부임한 고모리 시케타카는 2004년 'Second Foundation(제2의 창사)'을 외치며 필름 공장을 폐쇄했고, 2006년까지 5,000여 명의 인력을 줄였다. 또한 2006년에는 후지필름선진연구소를 설립해 최소 5년 뒤를 내다보며 새로운 성장 동력을 찾았다. 지금 후지필름은 고성능 광학카메라, 의료광학기기, 대형 및 대용량 그래픽 장비 등을 제조하는 회사로 다시 태어났다. 총매출의 20%에 달하던 필름이 지금은 1%도 되지 않는 반면, 의료·전자소재·화장품 분야는 매출의 40%에 달한다.

그렇다면 필름시장의 최강자였던 코닥은 어떻게 되었을까? 신기술을 애써 외면하며 변화를 거부한 대가로 몰락의 길을 걷다가 2012년 파산에 이르렀다. 지금은 디지털 이미지 처리 및 인쇄 솔루션을 제공하는 사업으로 전환해 부활을 꿈꾸고 있다.

포기는 체념이 아닌 결단의 결과여야 한다. 마지막 순간에 체념하듯 현실을 받아들이는 것은 자신이 취할 수 있는 모든 가능성과 기회를 흘려버리는 것과 같다. 아무리 매력적인 목표라고 해도 포기의 순간이 찾아왔을 때는 결단을 내려 상황을 주도적으로 이끌어 나가는 것이 중요하다. 과거의 영광을 그대로 이어 가는 것이 불가능할 수도 있고 어쩌면 맨바닥에서 다시 시작해야 할 수도 있다. 그러나 체념하며 받아들인 결과와 자신의 결단이 빚어 낸 결과 중 어느 결과를 받아들이기 쉬울까? 어디서 희망이 더 크게 보일까? 좋은 포기가 되기 위해 필요한 것은 바로 결단의 용기이다.

포기한다고 해서 그것과 관련된 모든 것을 버리거나 지울 필요는 없다. 오히려 여태껏 노력하며 터득했던 노하우나 교훈 등은 재도약의 발판으로 삼아야 한다. 리셋 버튼을 누르며 다시 시작하고 싶어도 참아야 한다. 그래서 포기를 할 때는 지우개와 쓰레기통뿐 아니라 깨끗한 상자도 필요하다. 과거의 경험에서 소중한 가치를 건진 다음 잘 보관해 두면 언젠가 반드시 귀하게 쓸 날이 올 것이다.

지난 시간을 모두 쓸모없었다고 치부해 버리면 여전히 자신의 베이스캠프는 해발 0미터에 머물러 있는 것이다. 손에 쥘 수 있는 가시적 성과는 없을지언정 분명 내면에서는 큰 변화가 있었을 것이다. 포기의 과정에서 지난 노력들을 어떻게 바라보느냐는 그 기간이 퇴보였느냐 성장이었느냐를 가름하는 중요한 기준이 된다.

저마다 모습은 다르겠지만 집념을 발휘하며 뜨거웠던 순간이 있었을 것이다. 자신의 베이스캠프가 단 1m라도 높아졌다는 것을 인정하고 이것을 충분히 활용해야 한다. 그러므로 좋은 포기란 포기 후 다시 시작하는 자신의 위치를 해발 고도 0미터로 설정하는 것이 아니라, 뜨거웠던 만큼 자신이 성장한 높이를 인정해 주는 것이다. "그래, 비록 목표를 이루지는 못했지만 난 그만큼 성장했다. 적어도 안 되는 방법 하나는 알고 있지 않은가." 결국 포기의 힘이 가치를 제대로 발하기 위해서는 지난 기간을 모두 지우고 버려서는 안 된다. 거기에서 소중한 의미를 잘 이끌어 내야 한다. 그만큼 자신의 베이스캠프는 높아진다.

인간의 생각은 개인의 철학과 가치관에 좌우된다. 그리고 이 둘은 철저히 경험과 사유라는 두 가지 활동을 통해 결정된다. 책을 읽든, 사람을 만나든, 여행을 하든, 충격적인 사고를 겪든, 행복한 순간을 만끽하든, 유명 학자의 강의를 듣든 경험 자체가 생각에 영향을 미치지는 않는다. 오히려 그 경험의 과정에서 또는 경험을 전후하여 어떤 사유가 일어났느냐가 중요하다. 경험이 경험으로 끝난다면 경험하지 않은 것과 다를 바 없다. 하지만 작은 사유라도 일어난다면 그 경험과 사유는 개인에게 영향을 미친다. 물론 사유는 경험 없이도 일어날 수 있다. 뛰어난 철학자나 현인들은 세상 모든 일을 경험하지 않고도 본질을 꿰뚫는 통찰력을 보여 줬는데 이것은 바로 고독 속에서 이뤄진 깊은 사유 때문이다. 결국은 경험과 함께 일어난 사유, 또는 독립적으로 이뤄진 사유가 축적되면서 한 개인의 철학과 가치관으로 자리를 잡게 되는 것이다.

이쯤에서 우리는 스티브 잡스가 2005년 스탠퍼드 대 졸업 연설에서 남긴 유명한 이야기를 떠올려 볼 필요가 있다. 이른바 점은 연결된다는 이야기 말이다. 그는 중퇴했던 리즈 대학에서 서체 관련 수업을 들었는데 이 경험이 훗날 매킨토시의 다양한 서체 개발로 연결되었다. 그는 앞을 내다보며 점을 이을 수는 없지만, 이미 지나간 과거의 점들은 하나의 선으로 이을 수 있다고 말했다. 당시에는 그 가치를 알 수 없었던 경험도 결국 현재의 자신을 이룬 소중한 영양분이 되었다는 말이다.

그의 말처럼 경험은 값진 자산이지만 가슴 속에 담아 두기만 한다면 읽지 않는 고전과 다를 바 없다. 우리가 포기를 선택한 뒤 맞이하는 삶에는 그간의 경험, 그리고 깊은 사유를 통해 거기에서 건져올린 의미가 큰 영향을 미치도록 해야 한다. 그렇지 않으면 지난 시간은 말 그대로 버려질 뿐이다.

경험이 최고라며 회사에서도 경력직을 높게 평가하고 사회에서도 연륜이 쌓인 사람들의 생각을 존중하지만, 경험 자체가 의미를 갖는 것은 아니다. 우리는 흔히 과거를 바꿀 수 없다고 말한다. 이미 지나간 일은 돌이킬 수 없는 게 사실이다. 하지만 과거를 대하는 자신의 인식은 바꿀 수 있고 또 바뀌기도 한다. 그래서 늘 과거의 경험을 반추하며 깊이 성찰하는 작업이 필요하다. 그러므로 정말 중요한 것은 경험보다 경험이 던지는 메시지이다.

결코 놓을 수 없던 목표를 내려놓고 무기력에 빠지기 쉬운 포기의 순간, 우리는 노력으로 점철된 지난 시간을 그냥 버리는 것으로 마무리 지으면 안 된다. 거기에는 분명 앞날에 필요한 영양분뿐 아니라 자신의 베이스캠프를 높여 줄 새로운 기회가 숨어 있다. 허비했다고 생각지 말라. 모든 과거는 사다리이고 발판이다.

WHEN 홧김인가 장고_{長考}인가

포기하지 않고 끈기를 발휘해 어떤 일을 끝까지 해내기 위해서는 두 가지 조건이 충족되어야 한다. 우선 목표의 목적성에 대한 확신이다. 왜 이 목표를 달성해야 하는지, 자신에게 정말 필요한 일인지 확신할 수 있다면 그 일을 끝까지 밀고 나가라. 물론 그 과정에서 자신이 반드시 지키리라 약속한 가치를 훼손하지 않도록 유념해야 한다.

목적의식이 분명하다면 끈질기게 쟁취해야 한다. 하지만 적지 않은 사람들이 고난에 봉착하면 생각이 바뀐다. 굳이 이 목표를 성취해야 할까, 다른 방법이 있지 않을까, 지금은 그때와는 상황이 바뀐 게 아닐까, 라고 말하며 목표의 목적성을 의심한다.

그저 그런 곤란함이 아니라 진정 큰 위기를 만나면 이런 생각이 드는 게 당연하다. 누구나 목표를 이뤄 가는 과정이 쉽지 않을 것이라 예상은 하지만, 그 예상을 뛰어넘는 고통 앞에서는 의지가 약해질 수밖에 없다. 하지만 여기에 끝내 굴복한다면 목적을 향한 가장 큰 동력이 사라지는 셈이므로, 그 전에 목표를 놓아 주는 것이 바람직하다.

목표를 향한 열정도 시간이 지나면 변하기 마련이다. 심지어 사라질 수도 있음을 인정해야 한다. 이럴 때는 동일한 효과를 얻을 수 있는, 즉 궁극적인 목적을 달성하는 데 기여하는 다른 목표를 찾는 편이 좋다. 이미 마음이 떠난 상대에게 에너지와 시간을 쏟는다면 결과가 좋을 리 없고 무엇보다 그 과정이 즐겁지 않다. 그간 들인 공이 아깝더라도 포기하는 것이 옳다. 즉, 왜 하려고 하는지에 대한 의심이 생긴다면 목표의 포기를 고려할 때가 온 것이다.

끈기를 발휘하기 위한 두 번째 조건은 목표 성취의 가능성에 대한 확신이다. 확신을 뒷받침하는 요소는 직관과 데이터이다. 직관이란 '근거 없는 자신감'이나 '미련'이 아니다. 논리적으로는 설명하기 힘든, 목표를 향한 자존감이다. 직관은 데이터를 기반으로 한 합리적인 추론의 결과일 수도 있지만 보통의 경우 느낌에 가깝다. 우리가 소위 감이라 부르는 바로 그 느낌 말이다. 내심 불안하면서 겉으로만 확신하는 것은 직관이 아니다. 스스로에게 물었을 때에도 설명하기 힘든 자신감과 자존감이 목표를 끌어당겨야 한다. 위기에서도 목표를 달성할 것이라는 확신이 들어야 비로소 끈기를 발휘할 수 있다. 직관과는 별개로 여러 객관적인 데이터들이 목표를 포기하지 않는 게 합리적이라는 사실을 적시할 때에는 어렵더라도 견뎌야 한다. 가능성이 높기 때문이다.

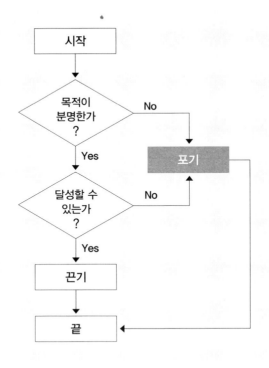

　　만약 직관과 데이터가 서로 다른 답을 내놓는다면 어떻게 해야 할까? 이럴 때는 자신의 가치관이나 철학에 따르는 것이 정답이다. 애플, 구글, 페이스북, 유튜브 같은 혁신기업의 창업과 성공은 뚜렷한 데이터가 이끈 것이 아니다. 혁신 자체가 모험이기 때문이다. 어떤 데이터들도 존재하지 않던 새로운 사업이나 아이템에 대한 정보를 정확히 줄 수가 없다.

그렇다고 직관만 따르고 데이터를 무시할 수는 없다. 경영 컨설 턴트 짐 콜린스가 밝힌 것처럼, 위대한 기업도 근거 없는 자만심에 기대어 여러 불길한 데이터들을 무시하면 금세 꼬꾸라지고 만다. 이 들은 긍정적인 데이터를 확대하는 반면, 부정적인 데이터는 축소하 고 실증적인 증거 없이 과감한 목표를 세우고 크게 투자했다. 모호한 데이터를 바탕으로 큰 위험을 초래할 수 있는 일을 단행하기도 했 다.[60] 아무리 성공을 확신했더라도 치명적인 위험을 의미하는 데이터 가 나타났을 때에는 포기를 진지하게 고민해야 한다. 배의 흘수선 아 래쪽에 구멍을 뚫는 모험은 배를 가라앉게 만들 뿐이다.

목적과 성취에 대한 확신이 없는 상태에서 발휘하는 끈기는 고 집이고 집착일 뿐이다. 목표를 달성할 리도 없고 아까운 시간과 에너 지만 낭비하는 셈이다. 좋은 포기는 시기적절해야 하며 깊은 성찰을 담보로 해야 한다. 상황에 내몰려 어쩔 수 없이 포기하는 것도 문제 이지만 남들의 이목이 불편해 홧김에 포기하는 것은 더 큰 문제이다. 이런 선택은 미래의 좋은 발판과 디딤돌을 홧김에 버리는 것이며, 스 스로 포기하기로 결정했다는 자존감을 얻기도 어렵다.

위에서 언급한 두 가지 질문을 스스로에게 던져 보자. 왜 하려 고 하는가? 성취할 거라 확신하는가? 그간 고민하지 않았다면 좋은 기회로 삼고 생각을 정리해 보자. 이미 확신했던 부분이라면 자신의 확신에 금이 가고 있지는 않은지 자문해 보자. 만약 그렇다면 이제는 포기를 고민할 때이다. 목적과 성취를 확신하고 있는지 지루하고 고독한 문답을 되풀이해야 한다. 이런 과정을 거친 포기만이 아름다울 수 있다.

WHY 끝인가 시작인가

서른을 즈음하여 처음으로 인간의 죽음을 지켜봤다. 나의 어머니는 불과 며칠 전 외할머니의 머리를 깎아 드렸는데, 어느 날 외할머니는 따뜻한 볕이 드는 외가의 뒷산 중턱에 묻히셨다. 그리운 외할머니를 보내 드리며 죽음은 언제나 삶과 맞닿아 있음을 알게 되었다. 숨을 쉬는 순간과 숨이 멎는 순간에는 경계가 없었다.

영정이 놓인 분향소 주변을 걸음마에 막 재미를 붙인 어린 조카들이 돌아다녔다. 임신 중인 친척들도 몇몇 눈에 들어왔다. 또 몇몇은 임신 초기라 오지 못해서 미안하다고 했다. 생명이 꺼지는 순간에도 늘 새로운 생명이 그 불씨를 이어받는 게 오묘하게 느껴졌다. 또 이미 그 불씨를 이어받은 새로운 생명은 어느새 저만치 커서 죽음이 무엇인지도 모른 채 깔깔거리며 뛰어다니고 있지 않은가. 한 사람의 인생뿐만이 아니라 인간 사회에서도 죽음은 언제나 이처럼 삶과 맞닿아 있는 것이 아닐까? 끝은 결코 끝이 아니며 늘 새로운 시작을 도모하고 있으니 말이다. 외할머니는 닿을 수 없는 어딘가에서 어떻게 지내고 계실까?

끝은 또 다른 시작임이 분명하다. 식상함을 넘어 진부하기까지 한 이 표현은 인간의 삶과 죽음처럼 우주만물의 원리를 그대로 담고 있다. 땅과 바다와 하늘의 경계에서는 어디가 끝이고 시작인지 알 수가 없다. 바다가 끝나는 지점에서 땅이 시작되지만 그것은 또 땅이 끝나는 지점이기도 하다. 해가 날 때 생기는 그림자는 양지와 음지를 가르지만 그 경계에서는 무엇이 시작이고 끝인지가 모호하다. 밤이 끝나면 새벽이 시작되고 해가 떨어지면 다시 밤이 찾아온다. 끝과 시작, 이 둘은 하나처럼 연결된다. 삶과 죽음처럼, 동전의 앞뒷면처럼, 뗄 수도 없고 아무런 틈도 없이 붙어 있다.

우리는 왜 포기하는 걸까? 나는 왜 그만두라고, 멈추라고, 집착을 버리라고, 매달리지 말고 내려놓으라고 말하는 걸까? 그것은 바로 다시 시작하기 위해서이다. 포기는 끝내는 것이지만 곧 시작과 이어진다. 그러므로 포기의 궁극적인 목적은 다시 시작하는 것이다. 죽음으로 끝날 줄 알았던 인간의 삶이 끝없는 생명의 불씨를 이어받았던 것처럼 말이다. 포기는 포기로 끝나지 않고 새로운 시작을 잉태한다.

좋은 포기는 당연히 이에 부합해야 한다. 말 그대로 그저 끝날 뿐이라면 목표를 포기하는 일은 정말 쓰레기 같은 짓이다. 그러나 앞에서 살펴본 것처럼 대부분의 일은 더 큰 목적을 위해 하고 있는 수많은 일들 중 하나일 뿐이다. 여러 목표 중 하나에 혼신의 노력을 기울이고 있다는 말이다. 그러니 거기에 목숨까지 걸 필요는 없다. 우리 인생의 근원적 목표는 삶 그 자체라고 하지 않았던가. 삶보다 더 본질적인 가치는 없다. 그리고 우리의 삶이란 결국 의미 있는 몇 개의 목적을 달성하는 과정일 뿐이다. 그것을 무엇으로 정하느냐가 삶의 모습을 좌우한다.

그러므로 삶을 포기하는 게 아니라면 어떤 포기든 결국 또 다른 시작으로 이어진다. 그리고 가슴을 치고 눈물을 흘리며 포기했다면 그 순간을 생생하게 기억해야 한다. 왜 포기했는지 잊어서는 안 된다. 포기는 단순한 종료가 아닌 재기라는 것을 명심하자.

포기 뒤에 시작할 일은 몇 개의 의미 있는 목적을 달성하는 데 도움을 주는 일이어야 한다. 만약 목적을 정하지 못했다면 그것을 먼저 정하는 것도 괜찮다. 쉽지 않고 시간이 걸리는 일이기 때문에 뭐든지 새로 시작하는 것도 좋다. 하지만 이번만큼은 남들의 이목이나 시대의 변화에 민감한 목적이 아니라 자신의 가슴 한구석을 떨리게 했던 그런 목적이길 바란다.

첫 번째

/

도미노 찾기

지푸라기를 놓아도 떠내려가지 않는다

앞에서 좋은 포기의 6가지 조건을 살펴봤다. 포기를 결정하는 주체는 주변 사람들이 아닌 나 자신이며, 포기의 대상은 궁극의 목적이 아닌 하나의 목표여야 한다. 어려운 상황에 체념하기보다는 반전을 위한 결단이어야 하고, 그동안 노력했던 과거의 교훈을 그냥 버려서는 안 된다. 그것은 새로운 시작을 위한 발판으로 삼을 충분한 가치가 있다. 상황에 내몰려 홧김에 저질러서는 안 되며 고심 끝에 포기를 선택해야 한다. 무엇보다 중요한 것은 포기가 끝이 아닌 새로운 시작임을 기억하는 것이다. 이 여섯 가지를 마음에 새긴다면 포기도 자랑스럽게 선택할 수 있다. 무엇보다 자신에게 부끄럽지 않을 것이다.

하지만 좋은 포기의 원칙을 안다고 해도 그대로 실천하기는 쉽지 않다. 집착했던 목표를 한순간에 내려놓는 일이 쉽겠는가. 물에 빠진 사람에게 잡고 있던 지푸라기를 놓으라는 격이니 하늘이 무너지고 땅이 솟는 느낌일 것이다. 뭔가를 그만두는 일은 새 출발이나 도전보다 더 큰 두려움을 준다. 도전이야 안 하면 바뀌는 게 없지만 그만두는 일은 그 순간부터 모든 것이 바뀌기 때문이다.

그러나 사실 이 두려움은 잘못된 전제에서 나온 것이라 그리 겁낼 필요가 없다. 지푸라기를 놓더라도 물에 빠지지 않고 더군다나 죽을 일은 결코 없다는 말이다. 물이 얼마나 빠르게 흐르고 깊은지는 순전히 마음먹기에 달려 있다. 한 달에 1억을 쓰는 사람도 있지만 200백만 원 벌어서 네 식구가 쓰는 집도 있다. 방에서 방으로 오가는 데만도 몇 분씩 걸리는 호화 주택에 사는 사람도 있지만 대부분의 국민은 중소형 아파트나 빌라, 단독주택에 산다. 자기 집이 없어 세 들어 사는 사람도 부지기수다. 사회·경제적 지위가 무너지면, 또는 그것을 가지지 못하면 세상이 끝나는 줄 알지만 대부분의 사람들은 그런 것 없이 잘 살고 있다는 말이다.

신세를 비관해 삶을 스스로 포기한 것이 아니라면, 소유물의 질과 양이나 누군가의 평가와 상관없이 결국 다시 솟구칠 수 있다. 그렇지 못하더라도 자신의 삶에 만족하며 살면 그것으로 된 것이다. 죽을 날을 하루 앞두고 성공하면 무슨 소용이 있겠는가? 살아있는 동안 행복하고 사랑을 나눌 수 있다면 그게 바로 삶이다. 누구에게나 살아갈 목적은 있다. 지푸라기를 놓는다고 그 목적이 사라지는 것은 아니다.

"죽음은 태산보다 무거울 수도 있고 기러기 털만큼 가벼울 수도 있다." 천하의 잊히고 흩어진 일들을 망라하여 성패와 흥망의 이치를 130편에 담은 중국의 역사서 《사기》를 쓴 사마천이 분노와 수치, 죽음을 경험한 뒤 남긴 말이다. 그는 왜 이런 말을 남겼을까?

사마천은 서른여덟의 나이에 아버지의 뒤를 이어 황제의 곁에서 천문과 역법을 다루는 태사령의 자리에 올랐다. 48세가 되던 해 한나라 충신 집안의 후손인 이릉이라는 자가 흉노와의 전투에서 패배하고 항복한 것을 두고 황제가 중형을 내린 일이 있었는데, 사마천은 그 나름의 이유가 있을 것이라며 황제에게 직언을 했다. 불행히도 분에 넘는 행동을 한 대가로 그는 궁형, 즉 남성의 생식기를 제거하는 치욕적인 형벌을 받았다.

수치심과 좌절감에 자살도 생각했지만, 사마천은 세상살이의 법칙과 이치를 책으로 남기고자 이를 악물었다. 죽음은 태산보다 무겁지만 또 깃털만큼 가벼울 수도 있는 것이다. 모든 것이 마음먹기에 달려 있다. 남자에게 궁형은 모멸 그 자체였지만 그는 굴하지 않았다. 그의 자존감은 자존심을 압도했다. 세상의 평가보다는 스스로의 약속과 다짐을 믿었다. 그 덕분에 오늘날 우리는《사기》라는 역작을 접할 수 있게 되었다.

극형을 당한 사마천과 자신의 신세를 비교하라는 말이 아니다. 2015년 1월, 전국을 떠들썩하게 했던 '서초 세 모녀 살인사건'의 범인인 남편이자 아빠는 자산 10억을 갖고도 생활고에 시달렸다고 한다. 일가족을 모두 죽일 만큼 그가 힘들었던 이유는 바로 최상위 계층에서 떨어져 나가야 한다는 자괴감이었다. 누가 그의 생각과 행동에 공감할 수 있을까?

지푸라기를 놓아도 결코 떠내려가지 않는다. 우리가 흔들리는 것은 물살이 빨라서가 아니다. 똑바로 서지 않으려는, 현실을 인정하기 싫은 비겁한 마음 때문이다. 그 때문에 체념과 절망이 찾아오지만 언제나 이유는 자기 자신이 아닌 밖에서 찾으려 한다. 혁신적인 포기를 통해 보다 나은 삶을 산다면, 집착했던 목표를 내려놓더라도 삶이 무너지지 않는다. 두려워 말고 용기를 가지자. 불편함과 어려움이 따르겠지만 돈이 없어도, 소유가 적어도, 누군가를 이기지 못해도, 인정을 못 받아도, 앞날이 조금 불확실해도 우리의 삶은 흘러간다. 이 사실을 인정할 때 비로소 노력의 덫에서 벗어날 수 있다.

포기는 도미노 게임

포기는 일종의 도미노 게임이다. 예를 들어, 돈에 대한 집착을 버리기 위해서는 우선 돈으로 할 수 있는 것들에 대한 욕구를 제어할 수 있어야 한다. 이를 통해 살아가는 데 그렇게 많은 돈이 필요한게 아니라는 사실을 깨달아야 한다. 이 경험이 무작정 매달렸던 목표를 다시 생각하는 계기가 될 수 있다.

테슬라 모터스와 스페이스 엑스를 설립하고 영화 〈아이언맨〉의 모티프가 되기도 한 엘론 머스크는 1988년, 고향인 남아공을 떠나 캐나다로 유학을 가서 하루 1달러로 생활하는 고된 경험을 했다. 친척 집에 기거했던 그는 통나무 베기와 농장 청소를 하면서도 학업을 게을리하지 않아 펜실베니아 대학교의 와튼스쿨로 편입할 수 있었다.[61] 훗날의 성공으로 억만장자로 불리기 시작했지만 그는 돈에 집착하지 않았다. 지금도 로켓 사업과 전기자동차 사업에 전 재산을 쏟아부을 만큼, 그는 어떤 선택을 할 때 돈을 우선시하지 않는다.

학비를 스스로 마련하겠다는 다짐 때문에 하루 1달러로 버텼지만 그 기간은 오히려 그에게 돈에 대한 집착을 버리게 해 줬다. 머스크는 돈이 많지 않아도 먹고 사는 데 지장이 없다는 것을 그때 깨달았다.

물론 충분함의 기준은 사람마다 다르겠지만, 돈이 얼마나 있어야 하는가를 고민하는 기회는 한 번쯤 갖는 게 좋다. 아무런 성찰도 없이 금맥을 찾기 위해 땅속에 머리를 파묻고 있으면 무덤 속으로 그대로 들어갈지도 모른다. 땅 위에 존재하는 수많은 아름다움을 보지 못한 채로 말이다. 하루아침에 소유, 승리, 인정, 안정, 돈에 대한 욕구를 포기하라고 주장하는 게 아니다. 이 다섯 가지를 갖기 위한 노력이 현재의 삶에 큰 문제를 일으키지 않는 사람들은 포기라는 이슈에 관심을 갖지 않아도 좋다. 나는 이것들이 나쁘다고 생각하지 않는다. 문제가 되는 것은 집념이라 착각하며 그것에 집착하는 우리의 그릇된 인식이다.

포기가 필요한 사람은 노력의 덫에 걸려 허우적거리며 현재를 비관적으로 살고 있는 이들이다. 그들은 그동안 매달려 왔던 목표를 내려놓고 자신의 삶을 다시 바라보는 시간을 가질 필요가 있다. 그런데 이게 결코 쉽지가 않다. 지푸라기를 놓아도 떠내려가지 않는다는 사실을 인정하고 받아들인다고 해도 뭔가 달라지는 것은 없다. 여전히 포기를 행동으로 옮기지 않았기 때문이다.

복잡한 세상에서 중요한 한 가지에 집중하라는 메시지를 담고 있는 책,《원씽(One Thing)》이 소개하는 도미노 게임의 원리는 포기를 위한 중요한 힌트를 제공한다. 이 책의 저자들은 과학자이자 작가인 론 화이트헤드의 연구를 흥미롭게 소개하고 있다. 그에 따르면 하나의 도미노는 자신보다 1.5배 큰 도미노를 넘어뜨릴 수 있다. 1983년에 발표된 그의 이론으로 한 물리학자가 2001년에 실제 실험을 했는데, 첫 도미노는 5cm에 불과했지만 8번째 도미노는 무려 90cm에 달했다. 이런 식이면 21번째는 에펠탑만큼, 31번째 도미노는 에베레스트보다 높아진다.[62] 가공할 높이의 도미노가 쓰러지는 것이 불과 5cm밖에 안 되는 작은 도미노의 붕괴에서 시작되었다니 놀랍지 않은가. 《원씽》은 바로 이 첫 번째 도미노를 잘 찾아서 집중하라는 메시지를 전하고 있다.

매달렸던 목표를 내려놓는 것도 이와 같다. 소유, 승리, 인정, 안정, 돈은 거대한 도미노이다. 우리가 감히 넘어뜨릴 수 없는 에베레스트와 같은 산이다. 수천 년 동안 축적된 집착이 하루아침에 사라지지는 않을 것이다. 그러나 이것이 우리의 삶을 황폐하게 만든다면 첫 번째 도미노를 찾아서 과감하게 무너뜨려야 한다.

소유, 승리, 인정, 안정, 돈에 대한 집착을 무너뜨릴 첫 번째 도미노는 무엇일까? 거대한 도미노에 접근하는 작은 도미노들을 찾다 보면 자신에게 딱 맞는 첫 번째 도미노를 찾을 수 있다. 엘론 머스크에게는 1달러로 하루를 버텼던 경험이 돈이라는 거대한 도미노를 쓰러뜨릴 수 있었던 첫 번째 도미노였을 것이다. 마찬가지로 우리도 첫 번째 도미노를 찾아 넘어뜨릴 수 있다면 보다 큰 도미노들을 하나씩 차례차례 쓰러뜨릴 수 있을 것이다.

내가 살아 온 배경을 생각해 보면, 다음 그림에서 제시한 것들

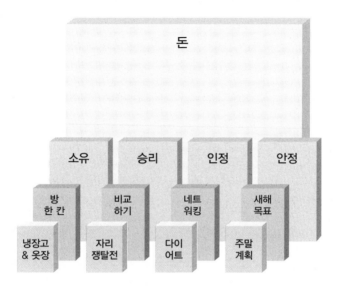

돈

소유　승리　인정　안정

방
한 칸　비교
하기　네트
워킹　새해
목표

냉장고
& 옷장　자리
쟁탈전　다이
어트　주말
계획

포기의 시작은 작았지만 그 끝은 위대하다

이 나에게는 첫 번째 도미노로 적합하다고 생각한다. 이것은 순전히
개인적인 경험과 사유에서 나온 것이고 사람마다 첫 번째 도미노는
다를 수 있다. 또 다른 누군가는 이 또한 꽤 큰 도미노로 느낄 수 있
다. 그러니 자신에게 적합한 첫 번째 도미노를 스스로 찾아보는 게
중요하다.

냉장고와 옷장, 그리고 방 한 칸

숫자 '3'은 여러 면에서 친숙하다. 고구려·백제·신라가 한반도를 누볐던 삼국시대가 떠오르고, 중국의 위·촉·오 시대를 다룬 나관중의 삼국지도 생각난다. 성서에서도 성부·성자·성령의 삼위일체를 말하고, 동양철학에서도 만물을 구성하는 요소로 하늘·땅·사람의 세 가지를 말하고 있다. 학창 시절 골머리를 썩였던 수학에서도 삼각형이 모든 계산의 기본이 된다. 어떤 범주를 나눌 때도 둘은 부족하고 넷은 조금 많아 보인다. 뭔가를 요약하고 정리할 때도 마찬가지다. 그래서 회의 시간에 누군가 "세 가지만 말씀드리겠습니다."라고 말문을 열면 자연스럽게 펜을 들게 된다. 가위바위보와 3판2선 승제도 숫자 '3'을 연상시킨다. 내 고향에서는 집을 방문한 친지가 떠나갈 때 차비 조로 얼마를 쥐어 주는 풍습이 있는데, 한사코 안 받겠다는 사람과 구겨서라도 주머니에 쑤셔 넣는 사람 사이에 실랑이가 일어나는 게 다반사다. 이때도 세 번 이상 거절하면 집주인의 손을 부끄럽게 하는 꼴이라 적당히 거부하다가 받는 게 보기 좋다.

과유불급이라는 말처럼, 지나치면 부족한 것만 못하다. 숫자 3이 가장 적절한 숫자가 아닐 수도 있지만 우린 3을 보면서 넘치지 않는 삶에 대해 고민할 필요가 있다. 지금은 거의 모든 것이 넘쳐나는 시대이다. 입으로는 늘 시간이 부족하고 돈이 모자란다고 말하지만 두껍게 잡히는 뱃살, 다이어리를 꽉 채운 스케줄, 명절 때마다 돌려야 하는 안부전화, 지울지 말지를 고민하는 수많은 전화번호, 달성해야 할 끝없는 목표, 도로를 가득 메운 자동차를 보면 이 세상에 과연 부족한 것이 뭔지 다시 생각하게 된다.

요리를 즐겨하는 직장 동료가 있었는데 그는 집 근처에 재래시장이 있는 걸 그렇게 좋아했다. 혼자 살면서도 반찬을 직접 만들어 먹었는데 시금치나 양파 같은 식재료를 그날 먹을 만큼만 사서 그날 해결한다고 했다. 그런 습관 덕분에 신선한 음식을 먹을 수 있는 것은 물론이고 냉장고가 클 필요도 없었다. 수업이 끝난 후 그와 잡담이나 나누던 차에 알게 된 사실이었지만, 오늘날 냉장고가 얼마나 커졌는지 알고는 놀랄 수밖에 없었다.

90년대 중반, 양문형 냉장고가 나오기 전만 해도 위 냉동, 아래 냉장이 되는 일반형 냉장고가 대부분이었다. 그때야 나는 냉장고에서 물만 꺼내 먹던 나이였으니 잘 몰랐지만, 보통 냉장고 속에는 빈 공간이 많았고 김치나 계란 정도가 그 큰 냉장고를 독방처럼 썼던 것 같다. 그런데 요즘은 신혼부부도 그 크기의 3배 정도 되는 양문형 냉장고를 구입하는 게 일반적이고, 김치나 채소만 넣는 냉장고를 따로 두는 집도 많다.

최근에는 맞벌이 부부가 많아지고 사는 게 바쁘다 보니 대형 마트에서 식자재를 대량으로 구매한 뒤 냉장고에 넣어 두는 데 익숙해졌다. 이젠 매일 장을 보는 것도, 끼니때마다 요리를 하는 것도 상당히 번거로운 일이 되었다. 그만큼 냉장고를 정리하는 게 곤욕이라는 전업주부도 많아졌다. 정리 전문가가 나서서 요령을 가르치는 TV 프로그램도 심심치 않게 나온다. 제대로 관리가 안 되어서 정리 뒤에는 버리게 되는 식자재나 음식이 상당히 많았다. 그런 장면을 보면서 대형 마트와 대형 냉장고가 영양가 있고 신선한 음식을 먹는 데 도움이 되지 않을 수도 있겠다는 생각이 들었다.

냉장고를 가볍게 만드는 일은 소유에 대한 관점을 바꿔 줄 수 있다. 소유는 또 다른 소유를, 소비는 새로운 소비를 낳는다고 했던 말을 기억하는가? 큰 냉장고를 갖고 있을수록 더 많은 식자재를 구입해서 저장할 가능성이 높아진다. 대형 마트의 카트가 필요 이상으로 크다는 생각을 한 적이 있는가? 나 또한 아내와 함께 생각을 바꾸기 전에는 큰 카트를 두 개씩 밀고 다니기도 했다. 그럴 때면 굳이 살 생각이 없었던 물건을 카트에 담을 때도 죄의식이 생기지 않았다. 언젠가는 소비할 물건이라고 믿었기 때문이다.

국내 성인의 30%가 비만이라고 하는데, 그들은 정상 수치보다 약 10~20kg 정도의 지방을 몸에 더 지닌 셈이라고 한다. 지방 1g이 9kcal에 해당하므로 이들에게는 약 9만~18만kcal의 에너지원이 몸에 저장되어 있는 셈이다. 이것은 성인의 하루 대사량을 넉넉잡아 3천 kcal라고 했을 때 한두 달을 버틸 수 있는 열량이다. 이렇듯 우리 몸

자체가 이미 과잉의 상징이 되었다. 이제는 냉장고부터 줄여 보자.

크기를 줄이는 것을 고려해 볼 수 있는 또 한 가지가 바로 옷장이다. 옷이 날개라는 사람도 있지만, 나는 진정한 날개는 영혼의 깊이와 내면의 풍요로움이라고 생각한다. 아인슈타인의 회색 정장, 스티브 잡스의 청바지와 검은색 셔츠, 마크 저커버그의 회색 셔츠와 후드는 화려함과는 거리가 멀며 그래서 더 돋보인다. 물론 그렇게까지 단순할 필요는 없다. 문제는 넘친다는 것이다. 철 지난 옷을 버리지 못하는 것도 모자라 유행에 맞춰 새 옷을 사다 보니 옷장은 그야말로 북새통이다. 이것은 정리의 문제이기도 하지만 버릴 것을 버리지 못하는 마음의 병이다. 소유해야만 그 가치를 누릴 수 있다는 잘못된 생각이 숨 막히는 옷장을 외면하게 만든다.

진정으로 가치를 누리기 위해서는 적절히 버릴 줄 알아야 한다. 유행을 타지 않는 자신만의 스타일을 갖추는 것도 방법이다. 정리나 패션에 관한 다른 전문가들의 구체적인 도움을 받을 수도 있을 것이다. 핵심은 옷장 한 칸을 비울 수 있을 만큼 소유물을 줄이는 것이다.

약간의 비약이 될 수도 있지만 냉장고와 옷장을 줄이는 데 성공한다면 방 한 칸을 비우는 일도 가능하다고 본다.《나는 단순하게 살기로 했다》의 저자 사사키 후미오는 물건을 버린 뒤 놀라운 경험을 했다. 단순히 방이 깨끗해지고 청소하기 편해졌다는 수준이 아니었다. 소유물이 적어지자 삶의 본질을 마주할 수 있게 되었다는 것이다. 언젠가는 쓸지도 모른다는 생각에 쌓아 두었던 물건을 보며 자신을 책망하는 일도 사라졌고, 자신에게는 아무런 문제가 없는데 모든 것은 환경 탓이라고 핑계를 대는 일도 줄어들었다.[63]

냉장고를 줄이고 옷장을 비우는 일, 나아가 방 한 칸을 빈 공간으로 만들어 보는 일은 단순히 물건을 버리고 소비를 줄이는 것으로 끝나지 않는다. 이는 소유에 관한 관점을 넘어 살아가는 목적을 새롭게 정의하도록 우리를 인도한다. 속도보다는 깊이를, 양보다는 질을 선택하다 보면 많은 것을 소유하지 않아도 우리의 삶이 충분히 풍요롭다는 사실을 깨닫게 될 것이다. 그러면 자신을 남과 비교하지 않고 타인의 시선도 두렵지 않다.

'소유'에 대한 집착을 버릴 수 있는 첫 번째 도미노는 냉장고와 옷장이다. 지금 당장 달려가 냉장고와 옷장 문을 열어라. 이곳에 필요한 것은 또 다른 물건이 아니라 시원한 공기가 통할 수 있는 넉넉한 공간이다. 그곳에 공간을 열어 두면 우리의 마음에도 삶을 새롭게 보게 해 줄 창이 생길 것이다.

자리쟁탈전과 비교

몇 해 전, 아침인데도 땀이 주르륵 흐르던 어느 여름날 아침에 부평에서 출발하는 용산행 급행 지하철을 탔다. 자리에 앉아서 가려는 승객들 때문에 객차의 문이 열리자마자 벌어지는 자리쟁탈전은 늘 한일 축구전을 방불케 할 만큼 치열하다. 그런데 연일 계속되던 난투극에 가까운 자리쟁탈전이 그날은 볼썽사납게 커져 버렸다. 50대 후반으로 보이는 남자와 40대 초반의 여자가 지하철 문이 열림과 동시에 공교롭게도 한 자리를 향해 돌진한 것이 화근이었다. 둘 다 옆자리에 나란히 앉기는 했는데 남자는 혼잣말이라고 하기에는 너무나 큰 목소리로 "남의 자리를 왜 뺏으려 하냐, 여자가 아침부터 재수 없게. 나이도 어린 게."라며 연신 중얼거렸다. 얼마 뒤 분을 이기지 못한 여자는 자리에서 일어나 소리쳤다. "복잡한 지하철이라서 참으려고 했는데 너무 하시네요, 진짜! 내 자리 네 자리가 어디 있어요!" 남자는 이에 질세라 "어디서 말대꾸야, 새파랗게 어린 게!"라며 받아쳤다. 순간 두 남녀는 서로 때리기라도 할 듯 언성을 높였지만 주변의 만류로 상황이 대충 마무리되었다.

정리하자면 이렇다. 가부장적 사고와 경로효친사상을 앞세운 남자가, 선착순의 원칙(지하철 자리는 먼저 앉으면 임자)과 최대다수의 최대행복(복잡한 지하철에서는 타인을 배려)을 주장하는 여자와 지하철에서 첨예하게 대립했다. 긴박한 상황으로 전개되었지만 승부를 가리지 못했다. 그러나 누가 이겨도 이겼다고 할 수 없는 승부였다.

나는 매일 아침 지하철에서 벌어지는 자리쟁탈전을 이해할 수 없었다. 아마도 나의 환경적 배경이 영향을 미쳤을지 모른다. 생도 시절, 학교와 가까운 청량리역에서 고향인 영주역까지는 기차로 4시간 남짓 걸렸는데, 표를 예매하고도 앉아서 가는 경우가 거의 없었다. 입석으로 타신 노인들께 늘 자리를 양보했기 때문이다. 제복을 입었으니 타인의 시선을 의식하지 않을 수도 없었지만, 몸도 불편하신 어른들께서 오랜 시간 서 있는 걸 보고 있을 수는 없었다. 자연스레 차츰 제복을 입고 있지 않아도 앉고 싶다는 생각이 안 들었다. 텅 빈 지하철이면 모를까 그냥 앉고 싶은 사람, 조금 더 힘든 사람이 앉으면 좋겠다고 생각했다.

생도 시절의 이야기를 하나만 더 하겠다. 내 인생의 가장 잔인했던 경쟁에 관한 이야기이다. 학교를 대표하는 럭비와 축구선수 생도들은 4학년 때 유격을 한 번 더 받았는데, 이 훈련에는 현역으로 복무 중인 트레이너들이 동참했다. 문제는 선착순 경쟁에서 시작되었다. 악랄했던 교관은 경쟁의 신봉자였다. 목표지점을 돌아오는 데 1등부터 10등까지 모두 생도들로 채워야 훈련을 끝낸다는 거였다. 단 한 사람의 트레이너라도 10등 안에 들면 훈련은 끝나지 않았다.

기억으로는 한 3시간 동안 쉬지 않고 달렸던 것 같다. 15명 남짓했던 트레이너들은 돌아가면서 한 명씩 10등 안에 들었다. 왜냐하면 생도들과의 경쟁에서 지면 트레이너들만 따로 훈련을 시키겠다고 교관이 엄포를 놨기 때문이었다. 이러지도 저러지도 못하는 우리들은 오직 자력만으로 10명을 모두 만들어 보겠다고 발악을 했지만, 매번 트레이너가 1명씩은 꼭 10등 안에 들었다. 어떻게 훈련이 끝났는지는 정확히 기억이 나지 않지만 그 날 이후 며칠간 우리는 대화를 하지 않았다. 심장과 근육은 튼튼해졌을지언정 그 외의 모든 부분에서 우리는 큰 상처를 입었다. 신뢰를 회복하는 데 적지 않은 시간이 필요했다.

우리가 한정된 자원을 놓고 경쟁하는 것은 지하철의 자리뿐만이 아니다. 수요에 비해 공급이 적은 곳에서는 경쟁이 일어날 수밖에 없다. 우리 사회는 누군가의 조정과 조율을 기대하기보다 개인의 능력에 따른 자율경쟁을 신봉한다. 잔인했던 선착순처럼 무의미한 출혈 경쟁도 있다. 경쟁업체의 공격적인 가격 정책 때문에 손해를 보면서도 단가를 낮추는 일이 단적인 예가 될 것이다. 업체들이 문을 닫으면 결국 물건의 가격이 오르고 독과점으로 이어질 확률이 높다. 소비자는 싼 물건을 사서 좋았겠지만 출혈 경쟁에 의도치 않게 힘을 실어 주는 꼴이 되고 말았다.

경쟁을 신뢰하는 이들은 애덤 스미스가 말한 '보이지 않는 손'의 힘을 믿으며 기회의 균등만 보장된다면 경쟁이 나쁘지 않다고 말한다. 그러나 앞에서 여러 번 언급했듯이 자율경쟁의 끝은 공멸이다. 학생들의 선행학습은 이제 도를 넘어섰다. 신생아에게 젖병 대신 영어 이어폰을 꽂아 줄 날이 올지도 모르겠다.

꼭 승부를 내야 하는 상황도 있겠지만 적지 않은 경우 상대방을 배려하는 것만으로도 상황은 순조롭게 끝난다. 나는 승자 독식보다 열매를 적당히 나눠 먹는 것이 더 아름답다고 믿는다. 그래야 인류의 공존은 지속가능할 것이다. 이젠 경쟁이 아닌 협력과 상생을 도모해야 한다.

경쟁이란 결국 상대성을 평가하는 것이다. 즉 누가 더 나은가를 따지는 것이므로 결국 비교로 이어질 수밖에 없다. 승부욕이 강한 사람은 대부분 남과 비교하는 것도 즐긴다. 그런 자세가 승부에서 승기를 잡게 하는 부분을 알아채도록 도와주기 때문이다.

물론 비교는 건전하게 활용할 경우 장점도 많다. 자신의 현재 위치를 분명히 아는 것도 때로는 비교를 통해서 가능하다. 교육, 의료, 경제, 복지, 공정 등에 대한 국제 비교를 하는 이유도 이 때문이다. 우물 안 개구리가 되지 않기 위해서는 다른 사람들과 견주어 보는 것도 필요하다. 그러나 지피(知彼)에만 집중하고 지기(知己)를 하지 않는 경우 비교는 자신을 옭아매는 괴로움의 화신이 된다. 평화로웠던 일상이 깨지고 아름답던 삶이 하루아침에 비루해질 수 있는 것은 남의 떡이 커 보이기 때문이다. 자신의 중심을 잡고 성찰하지 않는다면 비교는 오히려 독이 된다.

오직 이기려는 욕심 때문에 힘든 하루하루를 살고 있다면 작은 것에서부터 승부욕을 버려 보자. 건강에 문제가 없다면 일단 지하철

좌석을 욕심내지 말아 보자. 지하철의 자리쟁탈전에서 기권하는 순간 승부를 보는 관점이 달라질 수 있다. 매사에 남과 비교하는 습관이 있다면 버리자. 자신이 가진 것에만 집중하고 그것을 어떻게 더 소중하게 대할지 고민하자. 더 갖고 싶다면 어제보다 좋아질 만큼만 노력하는 것이 좋다. 올해 3천만 원을 벌었다면 내년에는 100만 원만 더 벌자. 이웃사촌이 천만 원 더 버는 것이 부러워지는 순간, 그 이웃은 사탄이 되어 그의 모든 행동이 당신의 가슴을 후벼 팔 것이다. 일상에서 꼭 싸우지 않더라도 큰일이 일어나지 않는 곳은 많다. 그곳에서 배려하고 양보해 보자. 경쟁이 아닌 새로운 답을 찾을 수 있을 것이다.

'승리'에 대한 집착을 버릴 수 있는 첫 번째 도미노는 자리쟁탈전과 비교이다. 이제 지하철을 탈 때, 혹은 버스를 탈 때 오늘 하루 힘든 사람을 위해 자리를 비워 두자. 작은 승부에서 기권이 많아질 때 우리 사회를 지배하고 있는 강한 경쟁의 기운이 조금씩 누그러질 것이다. 비교하는 습관도 버리자. 남과의 비교는 평온했던 영혼도 단숨에 깨뜨릴 수 있는 강력한 기운을 지니고 있다. 무의식적으로 타인과 자신을 비교했다면 어제, 혹은 1주일 전 나의 모습을 떠올려 보자. 조금이라도 더 나아졌는지, 더 매력적으로 변했는지 자문해 보자.

불필요한 승부에 승부욕을 불태우지 말라. 승자를 동경하지 말라. 승리에 집착하지 않을 때 진정 필요한 승부에 집중할 수 있다. 타인과 비교하지 않을 때 내 삶에 집중할 수 있다. 어제보다 더 나은 삶은 이렇게 얻을 수 있다.

다이어트와 네트워킹

사관학교를 졸업할 때만 해도 나의 체중은 75kg을 넘지 않았다. 그런데 작년에는 95kg에 육박했다. 외관상 큰 차이는 없었지만 몸이 신호를 보내 왔다. 쪼그려 앉는 게 불편했고 무릎에서 약간의 통증이 감지되기 시작했다. 완벽하진 않지만 감량을 했다. 내가 다이어트를 한 이유는 근육질 몸매를 갖기 위해서가 아니다. 오직 건강 때문이다.

건강한 것과 튼튼한 것은 분명히 다르다. 건강함을 넘어 튼튼한 SUV가 되어야 한다고 선전하는 각종 광고들을 보면 건강에 대한 과잉 현상을 실감할 수 있다. 두툼한 가슴, 굴곡진 어깨와 갈라진 종아리 근육이 모든 국민의 필수 아이템이 된 듯하다. 그리스 신전에서 천장을 떠받들고 있을 것 같은 조각 몸을 가져야 하는 이유는 도대체 무엇인가?

운동을 해 본 사람으로서 운동이 주는 긍정적인 효과는 인정한다. 몸이 피곤할 때 땀을 흘리면 오히려 개운해지고 정신도 맑아진다. 스트레스를 해소하기에도 좋고 어색한 사이를 친밀하게 바꾸는 데에도 운동만 한 게 없다. 그럼에도 몸짱 열풍이 부는 데는 다른 이유가 있는 것 같다. 나는 그것이 타인의 인정을 갈구하는 욕구에서 비롯된다고 생각한다.

몸을 통해 남들의 시선을 받는 이들은 부러움을 살 만큼 건강하기도 하다. 그러나 이들은 타인의 인정을 통해 자존감을 확인하고 자신감을 얻는다. 이들은 몸매가 망가질까 신경 쓰며, 배 나온 사람이나 몸매가 정갈하지 않은 사람을 게으르고 의지가 약한 사람으로 평가절하하곤 한다. 내 몸조차도 마음대로 부릴 수 없고 사회적 평가의 대상, 자기 홍보의 수단이 되어 버린 듯해서 안타깝다.

남성에게 몸짱 열풍이 불었다면 여성에게는 늘 지나친 다이어트가 사회적 이슈가 된다. 현재진행형이기도 한 이 문제는 영양과잉시대의 부작용이면서 동시에 외모지상주의의 폐단이기도 하다. 2015년 OECD 33개 회원국 청소년의 과체중 비율을 조사한 자료에 따르면 우리나라 여자 아동·청소년의 과체중 및 비만 비율은 14.1%로 OECD 평균인 22.1%보다 8%나 낮았다. 반면 남자 아동·청소년의 과체중 및 비만 비율은 26.4%로 OECD 평균인 24.3%보다 약간 높았다. 우리나라 아동·청소년의 남녀 비만율 차이는 12.3%에 달했지만, 같은 동양권인 중국은 8%, 일본은 6%에 불과했다. 2014년 정부의 조사에 따르면 여자 중·고등학생의 45.1%가 다이어트를 시도하고 있었으며, 의사 처방 없이 식욕억제제를 먹거나, 설사약이나 이

뇨제를 복용해 배변을 유도하고, 식사 후 구토하기 같은 위험한 방법을 시도한 여학생이 18.8%에 달했다.

외모가 볼만해야 취업을 비롯한 각종 선택에서 유리하기 때문에 어쩔 수 없는 선택이라고 할 수도 있다. 나 또한 이렇게 말하는 사람에게는 변변찮은 변명거리가 떠오르지 않는다. 아무리 자신의 중심을 잡고 타인의 시선을 의식하지 않으려고 해도, 힘 있는 자리에 있는 사람들이 외모를 이유로 자신을 선택해 주지 않는다면 결국 피해를 보는 것은 자신이기 때문이다. 그러나 과도한 다이어트와 몸짱 열풍은 분명한 문제이다. 건강한 것으로 족하지 사막을 달리는 SUV처럼 강할 필요는 없다. 푹 퍼진 인상을 주지 않는다면 굳이 날씬할 필요가 있을까? 이는 어디까지나 개인적인 견해이지만 내 몸까지도 타인의 시선을 의식해야 하는 현실을 개탄할 필요는 있어 보인다. 난 건강하게 살고 싶을 뿐이지 해수욕장에서 남성미를 과시하고 싶은 생각은 없다. 내 몸매나 근육량, 생김새보다는 내 머릿속 사상이나 철학, 관심사를 더 궁금해 하는 사람과 대화를 나누고 싶다.

다이어트나 근육을 만드는 효과 면에서도 타인의 시선 때문에 하는 운동이라면 효율적이지 못하다. 자신의 건강을 위해 자발적으로 시작한 운동이어야만 몸도 마음도 건강할 수 있다. 스스로 좋아서 해야 과정도 즐겁고 결과도 좋지 않을까?

타인의 인정에 목마른 사람은 자신의 몸매에 문제가 있지 않을까 걱정한다. 물론 그럴 수도 있지만 다이어트에 너무 집착하지 않았으면 한다. 주변을 보면 언제나 날씬하고 근육질이어야만 대접받는 건 아니다. 인정에 대한 집착을 끊기 위해 타인의 눈을 의식한 다이어트를 중단하자. 몸을 가꾸는 이유는 건강한 삶을 위해서이지 타인에게 인정받기 위해서가 아니다.

다이어트 강박에서 벗어났다면 SNS도 손보길 권한다. '연결'을 의미하는 '네트워크(Network)'는 SNS라는 단어의 가운데인 'N'에 해당된다. 가치와 가치를 연결하고, 과거와 현재를 연결하고, 사람과 사람을 연결하는 일은 중요하다. 특히 현대와 같은 초연결사회에서는 매개하고 연결해야 새로운 창조가 일어난다. 그러나 그 연결의 장소가 인정의 장소로 둔갑하는 일이 심심치 않게 일어난다. SNS에서 유명인과 가깝다는 사실은 이제 권력이 되었다. SNS의 파급력은 파워블로거나 유명인의 언급이 매출로 직결되게 만들었다. 그들의 연락을 받고, 그들의 '좋아요'나 댓글을 기다리는 일이 수많은 친구의 지지를 얻는 것보다 더 중요해졌다. 파급력의 기준이 되는 SNS 친구 수는 자신에 대한 인정과 지지를 대변하는 하나의 척도가 되었다.

타인의 인정을 꼭 받아야 하는가? 어떤 부분에서 인정받고 싶은가? 그 인정은 나의 삶을 어떻게 더 나아지게 만드는가? 이 질문들에 대한 답이 분명하지 않다면 지금 하고 있는 SNS를 대대적으로 손보길 권한다.

인정에 대한 집착을 버릴 수 있는 첫 번째 도미노는 다이어트와 SNS이다. 남에게 보여 주기 위한 다이어트는 지속가능성이 짧고 의지만으로는 실천하기 어렵다. 또한 그 과정도 전혀 즐겁지 않다. 반면 자신의 건강을 위해 즐거운 운동으로 몸을 관리한다면 스트레스도 풀 수 있고 정신적으로도 큰 해방감을 맛볼 수 있다. SNS를 중단하거나 손보는 것도 도움이 된다. 웹상에서는 타인의 인정을 쉽게 이끌어 낼 수 있을 것이다. 그들은 손가락 한 번 까딱하는 것으로 의사를 표시할 수 있기 때문이고 그렇게 해야 자기 자신에게도 타인의 인정이 돌아올 확률이 높아질 테니. 그러나 그것이 과연 진정 어린 지지와 격려였을까? 얼굴을 마주하고 인생을 고민할 사람이 몇이나 되는가? 이 질문에 답하기가 자신 없다면 SNS를 중단하라. 마주앉아 삶을 이야기할 사람을 찾는 게 우선이다.

주말 계획과 새해 목표

나는 현대사회의 변화 속도를 느끼면서 종종 등줄기에 땀이 나고 간담이 서늘해진다. 세상은 지난날과 영영 작별할 것처럼 미래를 향해 거침없이 나아가고 있다. 불과 2세대 전만 해도 적군을 죽이기 위해서는 소총을 겨눠야 했고, 많은 지상군이 투입되어 적진에 깃발을 꽂아야 전쟁이 끝났다. 여전히 기존의 재래식 군사력을 유지하는 곳도 있지만 한편에서는 조이스틱 하나로 잠자고 있는 적군의 최고 사령관을 영원히 잠들게 할 수도 있다. 모니터 화면 속에 보이는 수백 명의 목숨을 순식간에 소멸시킬 수도 있다. 한 손에는 커피를 든 채 비스킷을 씹으면서 말이다. 이 엄청난 변화가 일어나는 데에는 50년도 채 걸리지 않았다.

뿐만 아니다. 라이트 형제가 하늘을 난 지 54년 만인 1957년, 인류는 지구 밖으로 비행체를 보냈다. 인류의 역사를 100시간이라고 한다면 하늘을 나는 비행기를 만드는 데 99시간 59분을 쓴 셈이고 나머지 1분 동안 그걸 우주로 내보낸 것이다. 미국에서는 배가 아플 일이었지만 첫 인공위성인 스푸트니크호 발사를 성공시킨 구소련은 뒤이어 개, 쥐 등의 생물체를 우주로 올려 보내 유인 우주선의 가능성을 시험했다. 인류가 공중에 몸을 띄운 지 불과 58년 만인 1961년에 유리 가가린은 인류 최초의 우주비행에 성공했다.

조금 멀찍이 서서 지금 우리의 모습을 바라보면 변화의 속도가 상상을 초월할 정도로 빠르다는 걸 알 수 있다. 뉴스에서만 듣던 무인 자동차와 드론의 상용화가 눈앞으로 다가왔다. 드론은 이미 단순한 동호회 수준을 넘어서 각종 법규 제정을 서둘러야 할 만큼 확산되었다. 고속도로나 주차장의 요금 징수, 도서관의 도서 대출과 반납, 주민 센터의 각종 증명서 발급을 기계가 대신하게 된 것이 언제

인지는 생각도 나지 않는다.

이는 수많은 일자리가 사라지는 신호탄이 될 것이다. 이미 다양한 직업이 사라지고 또 생겨나고 있다. 앞날을 안정적으로 계획하는 일이 이제는 실현 불가능한 일이 될지도 모른다. 안정성만 바라보고 공무원이란 직업을 선택하기에는 우리의 미래가 너무 불확실하다. 20년 뒤에는 공무원 자리도 대폭 줄어들지 모른다.

반면 우리의 삶은 30년 가까이 연장되었다. 이를 축복이라고 해야 할지 모르겠다. 아무 즐거움 없이 눈만 뜬 채로 20년을 보낸다면 생명 연장은 오히려 재앙일 것이다. 건강한 몸으로 삶을 즐길 수 있어야 의료기술의 발달을 고마워 할 텐데 질병과 노화의 공포가 여전한 상태에서 단순히 목숨만 부지하는 건 오히려 기술 발달의 저주가 될 수도 있다.

좋든 싫든 80세까지는 살아야 하는 지금, 취업을 앞둔 대학생들은 자신의 30년 뒤를 상상할 수 있을까? 마흔의 직장인은 일흔을 앞둔 자신의 모습이나 주변 환경을 그려 볼 수 있을까? 나는 그 누구도 감히 30년 뒤의 미래가 어떨 것이라고 예견할 수 없다고 확신한다. 이제 그것은 전혀 불가능한 일이 되었다.

그럼에도 불구하고 여전히 많은 조직은 1년 전, 5년 전에 만들어진 계획을 토대로 일을 하고 있다. 나 역시 계획하지 않으면 불안해 살 수가 없었다. 군에 있을 때 동료들은 보통 4주간의 예정사항을 구체화하면서 개인의 업무를 준비하고 실행했는데, 나는 이것도 불안하게 느껴져 8주 앞의 일까지 예상하고 대비하려고 했다. 그러나 상황이 수시로 변했기 때문에 두 달 치의 일정을 염두에 두고 일을 하는 것은 쉽지 않았다. 정부의 지침이 바뀌고, 예산 조달이 어려워지고, 관련 업체의 상황이 달라지니 그에 따라 조정해야 할 나의 일들은 두세 배로 증가하곤 했다.

지금 생각해 보면 혼자 감당해야 할 책임이 컸기에 작은 실수도 하지 않으려 발버둥 쳤을 뿐이라는 생각이 든다. 그러나 중요한 일들만 별도로 관리하고 전체적인 일정은 2주 정도만 미리 내다봐도 충분하지 않았을까? 물론 우리는 앞날을 예상하고 대비해야 한다. 계획을 세우는 일은 불확실한 내일을 맘 편히 맞이하기 위해 우리가 할 수 있는 거의 유일한 대책이기 때문이다. 그러나 그 계획이 오히려 우리의 행동을 제약할 수도 있음을 잊어서는 안 된다. 변화의 속도가 빠르기 때문에 1년 뒤의 계획은 어쩌면 어불성설일지도 모른다. 지금의 판단 기준이 불과 6개월 뒤에는 구석기의 유물이 될지도 모른다.

계획은 필요하지만 계획에 집착해서는 안 된다. 계획은 수정과 보완, 대체를 전제 조건으로 만들어져야 한다. 이제 우리에게는 확실한 계획보다 변화에 대처할 수 있는 유연성과 의연함이 더 중요해졌다.

안정된 미래를 꿈꾸며 현재를 희생하고 끝없는 노력의 포로가 되었다면 '조금 불확실해도 좋다. 예측하기 어렵고 불안하면 어때!' 하는 자세가 필요하다. 불안정한 상태를 견디는 힘, 그런 상황을 받아들이는 습관이 필요하다. 이를 위한 첫 번째 도미노는 바로 일정을 세우지 않는 것이고, 나아가 계획을 수립하지 않는 것이다.

무슨 소리냐며 반문하고 있다면 생각해 보라. 늘 계획하고 움직이지만 계획대로 된 적이 얼마나 있었는지를. 계획의 무용론을 말하는 게 아니다. 계획이 없어서 불안한 상황에서도 적절히 선택하고 대응하는 경험을 해 보라는 것이다. 그럴 때 우리는 유연성과 의연함을 기를 수 있다. 이 둘이 없다면 급변하는 시대에도 여전히 해묵은 계획만 찾고 있을 수밖에 없다.

우선 주말 계획을 세우지 말아 보자. 여자들은 남자들에게 '주말에 뭐 할 건지 생각해 봤어?'라는 압박을 중단하고 계획 없이 주말을 맞이해 보자. 갑자기 비어 버린 시간에 무엇을 할지 갑자기 떠올려 보는 것도 좋은 경험이다. 할 일 없이 빈둥빈둥해도 좋다. 계획에 의존하지 않고 그저 마음 가는 대로 하도록 내버려 두는 날도 필요하다. 생각만 해도 기분이 좋지 않은가?

나는 가끔씩 계획 없이 맞이하는 주말에 아들 녀석들을 데리고 바닷바람을 맞으러 간다. 그곳에 가면 낚시하는 사람들이 있는데 생면부지임에도 고기는 얼마나 잡았는지, 회를 뜰 계획이면 몇 점 줄 수 있는지 물어보기도 한다. 아이들과 함께하면 용기가 샘솟는다. 차를 돌려 수변공원을 걷다가 다리가 아프면 벤치에 앉아 좀 쉬기도 하고 땅에 그림을 그린다.

자녀가 있다면 아이들에게도 하고 싶은 것을 물어보라. 어리다는 이유로 부모의 행선지를 의무적으로 따라다녀야 했던 아이들도 나름의 생각이 있었다는 걸 알게 될 것이다. 언젠가 나의 큰 아들은 소래포구에 물고기를 보러 가자고 하기도 했다. 아이들에게도 이런 돌발 제안은 유연성과 의연함을 기를 수 있는 좋은 기회가 된다.

내친 김에 새해 목표를 세우는 일도 그만두길 바란다. 한 여론조사 기관에서 직장인 886명을 대상으로 한 설문조사에 따르면 2015년 새해 목표를 달성한 사람은 응답자의 43.2%에 불과했다. 1인당 평균 3개씩의 목표를 세운 가운데 무려 30개를 세웠다는 응답자도 있었다. 목표를 이루지 못한 이유는 '의지가 약해서(51.1%)', '생업이 바빠서(30.6%)', '너무 무리한 계획을 세워서(9.5%)' 순이었다.[64]

새해 목표는 좋아서라기보다는 어떤 요구에 따라 세워진 것일 확률이 높다. 직장인 대부분은 다이어트, 외국어 공부, 업무 관련 자기계발을 새해 목표 1순위로 올렸다. 나름 뜨거운 열정을 바탕으로 결정했겠지만 놀랍게도 그 밑바탕에는 자신을 둘러싼 외부의 압력이 자리하고 있다. 또한 자신감이 충만한 상태에서 만들어지기 때문에 거창하기 십상이고, 1년이란 기간을 염두에 두고 있으므로 장기 목표일 가능성이 높다. 더군다나 새해 목표는 길어 봐야 며칠 정도의 고민 끝에 나온 결과일 때가 많다. 지난 한 해를 돌아보며 어떤 경험, 사람, 생각들이 자신에게 행복과 성장을 안겨 주었는지 살펴본 뒤 새해 목표를 세운 적이 있었는가? 가슴 뛰지 않는 목표를 1년씩이나 끌고 갈 이유가 없다. 그 목표는 오히려 다른 중요한 기회를 가로막는 장애물이 될지도 모른다.

안정에 대한 집착을 버릴 수 있는 첫 번째 도미노는 주말 계획과 새해 목표이다. 당장 이번 주말부터 계획 없이 맞이해 보자. 늘 예정된 스케줄대로 움직였다면 한 번쯤은 예측할 수 없는 시간을 가져 보는 것도 필요하다. 새해마다 세우던 허황된 꿈도 버리자. 오히려 과거의 성찰을 통해 발견한 의미 있는 경험, 만남, 지식을 탐구하는 게 더 나을 것이다. 이 두 가지의 새로운 경험이 우리에게 안겨 줄 유연성과 의연함은 급변하는 시대에 가장 큰 자산이 될 것이다.

돈을 주인으로 섬길 텐가

요즘은 돈으로 사람의 마음을 사는 일도 가능해졌다. 임신한 여자를 제대로 챙기지 못해 미안하다며 친정엄마나 시어머니, 남편은 용서와 양해를 구한다. 이때는 어김없이 돈이나 선물이 오간다. 그

액수가 크면 클수록 미안함이 크다는 것을 뜻한다. 물질 숭배를 경계하면서도 큰 액수에는 또 마음이 쉽게 풀린다. 그만큼 미안했고 고마웠다는 뜻일 테니 마음을 표현하지 못한 지난날의 작은 잘못 따위는 호탕하게 용서할 수 있다.

　　돈은 가치를 교환하는 수단에 불과했지만 오늘날에는 점점 절대적인 가치로 진화하고 있다. 그러나 여전히 삶의 중요한 부분을 대신하기에는 부족한 점이 많다. 그래서 우리는 돈으로 해결할 수 있는 일과 그렇지 않은 일을 잘 구별해야 한다. 예를 들어, 돈을 쓰면 집안일을 다른 사람에게 맡기고 그것을 할 시간에 다른 중요한 일을 할 수 있다. 돈으로 시간을 사는 것이다. 그러나 아직 성숙하지 않은 자녀들은 '집안일은 일하는 사람이 따로 있구나.'라고 받아들일 수도 있다. 사랑하는 사람을 위해 음식을 하고, 먼지를 닦고, 빨래를 정리하는 일은 행복한 일이다. 그런 일이 인생의 전부를 차지한다면 고역이 될 수도 있겠지만, 그 일 모두를 돈으로 해결한다면 우린 많은 것들을 놓치게 된다. 엄마가 지어 준 밥과 손길이 닿은 옷가지들, 아빠의 손때 묻은 공구로 다시 태어난 책상과 의자처럼 가족 간의 사랑과 정을 느낄 수 있는 매개물이 상당 부분 사라질 지도 모른다. 아이들에게는 망치질, 걸레질, 설거지, 빨래, 이불정리, 빗자루질 같은 일이 책을 한 권 보는 것보다 더 깊고 많은 가르침을 주기도 한다.

　　돈은 버는 것도 중요하지만 어떻게 쓰는지도 중요하다. 매월 정기적으로 생활비를 보내드리는 것으로 자식의 도리를 다한다고 믿는다면 돈을 잘못 쓰는 것이다. 지인의 경조사에 얼굴을 내비치지 못했다며 계좌 번호를 묻는 것도 돈을 잘못 쓰는 것이다. 마음을 주지 않는 사람에게 고가의 선물을 들고 찾아가 마음을 사려는 것도 돈을 잘못 쓰는 것이다. 얼굴 보기 어려운 아이들에게 용돈이라도 많이 줘야 한다고 믿는 것도 돈을 잘못 쓰는 것이다. 만일 이런 식으로 돈을 쓰는데도 부모님이, 친구가, 이성이, 자식이 마음을 열어 준다면 그들은 이미 돈의 노예가 된 것이다.

매사를 돈으로 해결하려 한다면, 즉 돈이 삶의 전부가 된다면 우리의 인생은 늘 뭔가를 교환하는 데 바쁠 수밖에 없다. 돈을 벌고 쓰는 것 외에도 중요한 일은 많다. 조용히 명상을 하는 일도, 공원에서 공짜 공기를 마시며 산책하는 일도 삶을 기름지게 해 준다. 진심이 통하는 친구는 돈을 쓰지 않을 때 오히려 더 분명히 드러난다.

우리가 돈을 많이 벌고자 하는 목적은 구애받지 않고 돈을 쓰기 위해서이다. 그것은 어떤 경험을 위한 대가가 될 수도 있고 아파트나 자동차 같은 물질을 소유하기 위한 비용일 수도 있다. 물론 어디에 쓸지가 명확하지 않을 때에도 우리는 돈을 벌고 모으려 한다. 많이 벌어 놓으면 마음이 든든하고 그 자체가 힘이 되기 때문이다.

돈이 쉽게 벌린다면 문제가 덜하지만 그렇지 않은 경우가 대부분이다. 우리가 돈에 집착하는 이유는 돈을 벌고 모으는 일이 쉽지 않기 때문이다. 집념이 집착으로 변하는 순간 삶은 황폐해지고 어느새 우리는 돈의 노예로 전락하고 만다.

　돈으로 해결할 수 있는 일과 그렇지 않은 일을 고민해 보자. 그리고 왜 많은 돈이 필요한지 진지하게 물어보자. 그냥 현대사회에서는 돈이 힘이라는 막연한 답은 지금의 상황을 악화시킬 뿐이다. 스스로 얻은 답에서 다시 질문을 잉태하라. 필요할 것이라고 막연하게 생각해 왔던 돈을 자세히 바라보면 돈의 또 다른 모습을 발견할 수 있을 것이다.

　　이렇게 포기만 하면 도대체 뭘 위해서 사느냐고 반문할 수도 있겠다. 이처럼 오해하는 사람들은 앞으로 돌아가 〈약이 되는 포기의 6가지 조건〉을 다시 읽어 보라고 권하고 싶다. 포기가 능사는 아니다. 힘들 때마다 포기하고 만다면 어떤 의미 있는 성취도 얻지 못한다.

　　그렇다고 끈기를 발휘해 될 때까지 집착하는 것은 바람직한 방법일까? 나는 오히려 이것이 더 문제라고 본다. 집착을 집념으로 착각하는 순간 우리의 삶은 태풍의 눈으로 들어가게 된다. 강한 비바람에 언제 부러지고 흩어질지 모르는 위태로운 순간이 이어진다. 바로 그 순간 우리에게 필요한 것이 바로 포기이다. '좋은 포기'는 태풍에 더 이상 휘둘리지 않도록 강한 지주를 땅에 꽂는 것과 같다.

　이 책을 쓰면서 내가 그동안 포기했던 것들을 생각해 봤다. 가깝게는 아파트를 처분하며 이천만 원 가량 손해를 본 것이 떠올랐다. 4년 전 경기도로 발령을 받았을 때, 가족과 함께 살기 위해서는 아파트를 처분해야 했다. 당시 주택 경기가 불황이라 구입할 때보다 손해가 컸지만 우리는 가족이 함께 살아야 한다는 데 뜻을 모았고 과감하게 돈을 포기했다. 돈이 아쉬울 때마다 그때의 선택이 옳았던 걸까, 다시 묻곤 하지만 우리 부부는 가족의 사랑을 어찌 돈으로 살 수 있겠느냐며 앞으로도 같은 결정을 할 것이라 다짐한다.

　2014년 5월 어느 날, 아내는 임신 소식을 알려 왔다. 둘째의 육아 휴직이 끝나면 멋지게 복직하리라 계획하고 있던 아내는 출산과 육아로 흐트러진 몸을 다잡으려고 남자에게도 힘든 격투기와 수영을 하루도 거르지 않던 때였다. 셋째를 가졌다는 사실이 나의 전역, 아내의 복직, 첫째의 입학, 이사 등 우리 가족의 모든 계획에 차질을 줄 것이 분명했지만, 우리는 아이를 낳지 않을 가능성은 언급조차 하지 않았다.

셋째 아이는 이듬해 1월에 건강하게 태어났다. 딸이길 바랐던 아내의 염원은 이뤄지지 못했지만, 지금 우리에게 가장 큰 기쁨을 주는 막내를 가족으로 맞이한 것은 결코 후회하지 않는다. 아내는 직장 경력에 적지 않은 손해를 보았고 경제활동도 1년을 더 늦췄다. 나 역시 2년이나 집에서 육아를 해야 하는 상황에 놓였다. 큰 아이들은 아직 다 받지 못한 부모의 사랑을 이른 나이에 동생에게 나눠 줘야 했다. 만약 이 모든 것을 고집하고 포기하지 않았다면 사랑스런 막내가 우리 곁에서 지금처럼 해맑게 웃고 있을까?

2015년 나는 17년간 입었던 군복을 벗었다. 군에서 나름 괜찮은 길을 걷고 있었고 운이 조금 따라 준다면 가문을 빛낼 자신도 있었다. 하지만 깨달은 바가 있어 오랜 고민 끝에 전역을 결심했다. 군을 떠나면 많은 것을 포기해야 한다. 소속이 사라지는 것은 물론 매월 통장에 들어오던 수입이 사라진다. 소소하지만 건강검진도 직접 챙겨야 하며, 한 끼에 3천 원밖에 하지 않던 구내식당도 이용할 수가 없다. 동기들과 나누는 이야기, 예를 들면 진급이나 인사이동, 국방 정책 등에도 흥미가 줄어들 것이고 그들과의 관계도 예전만 하기는 어려울 것이다. 실제로 오랜 기간 몸담았던 직장을 떠난다는 것은 내 삶의 절반을 덜어 내는 것 같았다. 그와 동시에 전혀 모르는 세상으로 남은 삶의 반을 다시 옮겨야 했기에 기대가 되면서도 떨리고 겁도 조금 났다.

그러나 결국 나의 삶은 내가 결정하는 것이며 스스로 던진 질문과 대답이 그런 결정의 기준이 되어야 한다는 생각을 갖게 되었다. 지금은 이 생각이 신념처럼 내 삶의 모든 영역에 강하게 뿌리 내리고 있지만, 변화를 시작할 때는 두렵기도 했고 무모한 도전이 아닌지 주저하기도 했다.

지난 2년간 마치 수학능력시험을 치르던 시절로 돌아가 삶을 다시 시작하는 기분이 들었다. 그리고 깨달은 것이 하나 있다. 포기하는 것도 우리 삶의 소중한 일부분이라는 사실이다. 현실을 그대로 유지하면서 더 나은 미래를 바라는 것은 욕심일 수도 있다. 지금의 자신에게서 포기할 부분을 찾아 과감하게 버리지 않으면 변화는 오지 않는다. 빈 공간을 만들어야 공기가 통하고 물이 돌고 새로운 싹이 자랄 자리가 된다는 말이다. 정말 중요한 목표가 있다면 모든 것을 포기할 만큼 과감해야 할 때도 있다.

그와 동시에 결코 포기하지 말아야 할 것도 있을 것이다. 건강은 한 번 잃으면 되찾기 어렵고 가족은 깨지기 쉬운 유리구슬이므로 절대 떨어뜨려서는 안 된다. 사람 간의 신뢰, 정의와 공정에 대한 양심도 마찬가지다. 거기에는 한 번의 입김에도 얼룩이 생길 수 있다.

포기는 기피의 대상이 아니다. 언젠가는 해야만 하는 선택일 뿐이다. 그러나 포기를 잘해야 새로운 시작도 가능하다. 포기를 결정하는 주체는 자신이어야 한다. 그 누구도 내 결정을 대신할 수는 없다. 포기의 대상은 하나의 목표일 뿐이다. 어떤 상황에서도 궁극적인 목적은 가슴에 간직해야 한다. 어려운 상황에 체념하지 말고 반전을 위한 결단을 도모하자. 노력으로 점철된 과거는 새로운 시작을 위한 발판으로 삼는 게 좋다. 상황에 내몰려 홧김에 포기해서는 일을 망친다. 고심하고 고심한 끝에 현명하게 선택하자. 포기의 궁극적인 목적은 끝이 아니라 새로운 시작이다.

적절한 포기가 여러분의 삶을 더욱 풍요롭게 해 주길 바란다. 부족한 원고가 아름다운 책으로 다시 태어날 수 있게 도와준 브레인

스토어에게 감사를 표한다. 이곳이 아니었다면 이 거친 원고는 여전히 컴퓨터 속에서 신세를 한탄하고 있었을 것이다. 끝으로 사랑하는 아내와 나의 아들 현오, 성오, 민오에게 고마움을 전한다.

1. 연합뉴스(2015. 5. 31), 〈'고시낭인 사법시험' VS '현대판 음서제 로스쿨'〉

2. SBS 뉴스(2015. 9. 11), 〈고시로 '인생 역전'…출세 통로? vs 로또 당첨〉

3. 민중서림 편집국, ≪엣센스 국어사전≫ 제6판, 민중서림, 2006

4. 한국일보(2015. 8. 6), 〈고시낭인이라 매도 말고 사법시험 유지시켜 주오〉

5. 조선일보(2009. 10. 8), 〈고시낭인, 그들은 누구─1 / "고시? 마약이 따로 없죠.〉

6. 행정자치부 보도자료(2015. 8. 31), 〈지방직 7급 공채 필기시험 평균 경쟁률 125.1:1〉

7. 한겨레21(2013. 11. 26), 〈종이쪼가리가 된 시간강사의 유서〉

8. 경향신문(2010. 4. 22), 〈'벌거벗은 임금님', 한국의 대학〉

9. 한국일보(2015. 7. 30), 〈'시간강사법' 4년째 싸우는 대학사회, 이번에는 시행될까〉

10. 국감 보도자료 국회의원 김태년(2015. 8. 29), 〈최근 5년(2011~2015), 사립대학 비정년트랙 교원 현황〉

11. 물론 일반 기업과 비교하면 그나마 낫다고 할 수 있다. 한국경영자총협회는 전국 219개 기업을 대상으로 '2014년 승진 및 승급 관리 실태조사'를 했는데 신입사원이 부장으로 승진하는 비율은 2.41%, 임원으로 승진하는 비율은 0.74%로 각각 조사됐다. 이는 1천 명이 입사하면 그 중 불과 7.4명만 임원이 된다는 의미다. 물론 대부분 생활 여건이 불비한 지역에서 1년마다 이사를 하거나, 가족과 떨어져 두 집 살림을 20년 이상 해야 하는 직업군인의 특수성을 고려했을 때 이 둘을 단순 비교하는 데는 신중할 필요가 있다.

12. 해리 덴트, ≪2018 인구절벽이 온다≫, 청림출판, 2015

13. 국정감사 보도자료 진성준 의원(2014. 10. 14), 〈궤도장비 장착용 소화기에서 생성되는 불산, 산업안전보건법 기준치의 420배 등 2건〉

14. 유정완 등, 〈국내 치킨 비즈니스 현황 분석〉, ≪KB Industry Report≫, KB금융지주 경영연구소, 2013

15. 국정감사 보도자료 심재철 의원(2015. 9. 1.), 〈지난 10년간 전국의 자영업 창업자수는 950만개, 폐업자수는 800만개로 생존율 높지 않아〉

16. 류덕현 등, 《국제비교를 통한 우리나라 자영업 규모에 대한 연구》, 국회예산정책처, 2015

17. 당해 연도 졸업자 중 전문대학, 일반대학, 교육대학 진학자의 비율.

18. 통계청, 《2014년 한국의 사회지표》, 통계청, 2015

19. 김순남, 《대학 입시 정책의 국제 비교 연구》, 한국교육개발원, 2014

20. 로버트 프랭크, 《경쟁의 종말》, 웅진지식하우스, 2012

21. 김도학 등, 《2012 영화 스태프 근로환경 실태 조사》, 영화산업협력위원회, 2012

22. 김동우, 〈영화산업 현황 및 재무구조 분석〉, 《KB Industry Report》, KB금융지주 경영연구소, 2012

23. 국정감사 보도자료 이노근 의원(2015. 10. 7.), 〈역대 최고가 아파트 분양권〉

24. 말콤 글래드웰, 《아웃라이어》, 김영사, 2009

25. 곽은창 등, 〈우리나라 중고교 학생선수들의 학습 환경 실태 분석과 제도적 개선방안〉, 한국스포츠교육학회지(46), 2011

26. 연합뉴스(2015. 7. 7.), 〈고교 운동부 선배들 괴롭힘 견디다 못해 자살 시도〉

27. MBC 8시 뉴스(2015. 9. 23.), 〈고교 운동부 폭력사태 "저희는 선배들 마루타"〉

28. 김문조 등, 《한국인은 누구인가(38가지 코드로 읽는 우리의 정체성)》, 21세기북스, 2013

29. 고용노동부 보도자료(2015. 7. 23.), 〈인턴 다수 고용 사업장 151개소 수시감독 결과〉

30. 매일경제(2015.11.3.), 〈'쥐꼬리 월급', 공기업·대기업 인턴 채용, 청년 두 번 울린다〉

31. 크리스토퍼 차브리스, 대니얼 사이먼스, 《보이지 않는 고릴라》, 김영사, 2011

32. 권태희 등, 《고졸청년의 채용실태와 취업성과 실증 연구》, 한국고용정보원, 2012

33. Won Joo Kim, 〈Sleep Status of Residents in Neurology Department〉(2013), Journal of Korean Sleep Research Society, 10(1), pp20∼24

34. OECD 통계 홈페이지(http://stats.oecd.org) (2016. 1. 11)

35. 헤럴드 경제사(2014. 7. 24), 〈한국인 평균 수면 시간 OECD 최하위, 노동생산성도 떨어져〉

36. 서울경제(2014. 6. 26), 〈한국 시간당 노동생산성 30.4달러. OECD 가운데 28위에 그쳐〉

37. 한국과 OECD 노동생산성을 환율 1,085원을 적용하여 계산한 수치이며, 연간 근로 시간의 차이 316시간은 주 5일, 52주 근무하는 것으로 가정했을 경우 매일 1시간 12분 더 근무하는 것으로 볼 수 있다.

38. 국가통계포털(http://www.kosis.kr)

39. SBS 8시 뉴스(2015. 10. 14) 〈지그재그 음주운전 생중계한 女, 도 넘은 SNS〉

40. 결혼정보회사 듀오(https://www.duo.co.kr), 〈2015년 결혼비용 실태보고서〉

41. 우먼센스 2013년 10월호, 〈이효리가 꿈꾸는 삶〉

42. YTN 뉴스(2015. 12. 4), 〈결혼비용 아껴 기부한 20대 부부〉

43. 서울신문(2015. 11. 13), 〈신랑신부가 가장 행복한 결혼식 하고 싶어〉

44. 연합뉴스(2015. 9. 11), 〈'피로연은 도시락' 서울 소풍결혼식 1호 부부 탄생〉

45. 조선일보(2015. 1. 23.), 〈오직 손과 발, 육체의 힘으로 '불가능의 벽'을 타고 오르다〉, 월간 산 2015년 2월호 〈토미 콜드웰의 요세미티 돈월 자유등반〉, 한국일보(2015. 1. 14), 〈9개의 손가락으로 세계 최고난도 2,300m 수직벽 맨손 무한도전〉, 미국 간행물 Camp4(2001. 12. 31), 〈Tommy Caldwell Looses Finger〉을 참고하여 각색함.

46. 경향신문(2015. 12. 29), 〈고교생 절반 "10억 생긴다면 감옥생활 1년 괜찮아"〉

47. 이용균(2015. 7. 17), 〈[야구멘터리] 200억을 포기한 남자, 구로다의 야구〉,

SERICEO

48. MBN 뉴스(2015. 11. 26), 〈아궁이에 6억, 호화주택엔 와인 가득, 상습·고액체납자 명단 공개〉

49. 이성규(2012. 8. 9), 〈싸이 강남 스타일 어떤 경로로 성공했나〉, '뮤즈어라이브' 연구소(NSR) 블로그(http://nsrlog.tistory.com/284)

50. 연합뉴스(2016. 1. 13), 〈"내 생각이 안 틀렸다고 확인한 게 '미움 받을 용기' 인기비결"〉

51. 동아일보(2015. 11. 10), 〈꿈을 포기하지마? 포기하세요. 그리고 다시 찾으세요〉

52. 위클리비즈(2010. 6. 19), 〈빛과 콘크리트의 건축가 안도 다다오, 반전 드라마〉

53. 세계일보(2012. 7. 22), 〈의사 포기 후회 안 해, 애니메이터 꿈 이뤘으니까〉

54. 세계일보(2016. 1. 6), 〈픽사 애니메이션 '굿 다이노' 만든 한국인 피터손, 김재형〉

55. 월터 미셸, 《마시멜로 테스트》, 한국경제신문사, 2015

56. 로버트 액설로드, 《협력의 진화》, 시스테마, 2009

57. 박흥식 등, 《내부고발자, 그 의로운 도전》, 한울아카데미, 2014

58. 손성곤, 《나는 무적의 회사원이다》, 한빛비즈, 2014

59. 에드워드 데시, 《마음의 작동법》, 에코의 서재, 2011

60. 짐 콜린스, 《위대한 기업은 다 어디로 갔을까》, 김영사, 2010

61. 다케우치 가즈마사, 《엘론 머스크, 대담한 도전》, 비즈니스북스, 2014

62. 게리 켈러, 제이 파파산, 《원씽》, 비즈니스북스, 2013

63. 사사키 후미오, 《나는 단순하게 살기로 했다》, 비즈니스북스, 2015

64. 중앙일보(2015. 6. 18), 〈"의지가 약해서", 직장인 새해 목표 달성률 43.2%〉

拋棄力
포기하는 힘

초판 1쇄 펴낸 날 | 2016년 6월 3일

지은이 | 권귀헌
펴낸이 | 홍정우
펴낸곳 | 브레인스토어

책임편집 | 이상은
디자인 | 김한기
마케팅 | 한대혁, 정다운

주소 | (121-894) 서울특별시 마포구 양화로7안길 31(서교동, 1층)
전화 | (02)3275-2915~7
팩스 | (02)3275-2918
이메일 | brainstore@chol.com
페이스북 | http://www.facebook.com/brainstorebooks

등록 | 2007년 11월 30일(제313-2007-000238호)

© 권귀헌, 2016
ISBN 978-89-94194-86-8 (03190)

이 도서의 국립중앙도서관 출판예정도서목록(CIP)은 서지정보유통지원시스템 홈페이지
(http://seoji.nl.go.kr)와 국가자료공동목록시스템(http://www.nl.go.kr/kolisnet)에서 이용
하실 수 있습니다.(CIP제어번호: CIP2016011716)